自由と愛の精神

—桃山学院大学のチャレンジ—

谷口 照三・石川 明人・伊藤 潔志 編著

大学教育出版

巻頭言

『自由と愛の精神――桃山学院大学のチャレンジ――』刊行に寄せて

学院長・日本聖公会大阪教区主教　磯　晴久

橋を架ける

『自由と愛の精神――桃山学院大学のチャレンジ――』刊行、おめでとうございます。桃山学院大学の建学の精神は、「自由と愛のキリスト教精神による人格の陶冶」と「世界の市民の育成」であります。この建学の精神の具現化のために、一九五九年の開学以来、教員、職員、学生によって様々な取り組みがなされてきました。また、自由とは何か、愛とは何か、世界の市民とは何かなどを巡って、その現代的な意味を求めて、問い直しや再解釈の試みが繰り返し行われてきました。今回、学院に関係する多才な研究者によって、更なる探求がなされ、桃山学院全体の学問・研究・教育活動にどのような広がりや深化、影響をもたらすか、大いに期待するところであります。

私が桃山学院大学の「建学の精神」を見つめて、まずすばらしいと感じますのは、「人格の陶冶」という言葉に込められた人間観、教育観です。桃山学院大学の教員・職員は、学生一人ひとりをどのように見ようとしているかが明らかにされています。「陶冶」ということばは、「人間には、天賦の才、天から、キリスト教で言うと神から、いろいろな才能や能力を与えられている。そうした可能性にあふれた人を、丁寧に陶器を作り上げていくように、はぐくみ、育てあげ、大きな実りをもたらす」という意味の言葉であります。桃山学院大学のスタッフは、そのような教育活動を行いますという決意が述べられています。

想像して頂きたいのですが、学生一人ひとりが植木鉢を抱えています。そこには可能性の種が植えられています。もちろん可能性の種は、一つではありません。沢山の可能性の種が植えられています。しかし豊かな生命力を内包する種ですが、放っておいては、芽を出しません。水、栄養豊かな土壌、太陽の光が必要です。桃山学院大学には、学生にとって水、栄養豊かな土壌、太陽の光となるものが沢山用意されています。熱い思いをもったすぐれた教員や職員がいます。そして可能性の種が芽を出すためのいろいろな仕掛けが、大学のあちらこちらにちりばめられています。そうした大学ですとの自己紹介がなされているのです。

そして、「自由と愛の精神」です。そのことについて思いを巡らしておりまして、ふと思い出した新聞記事がありました。それは、二〇一五年一一月一二日の朝日新聞デジタル版にあった記事です。少し長い引用になりますがお赦しください。「壁と向き合う橋―武蔵野美大と朝鮮大学校の学生ら制作―壁は確かにそこにある。でも、向こうにいる相手と対話したい――。東京都小平市にある武蔵野美術大（武蔵美〈むさび〉）と、隣接する朝鮮大学校（朝大）の両校の学生らが、敷地の境界にある一枚の壁に「橋」を架けるアートプロジェクトを完成させた。……橋は木製の階段状で、コンクリートの壁の両側に制作。両校での合同美術展〝突然、目の前がひらけて〟の期間中、橋を渡り双方の会場を行き来できる。武蔵美のA教授、同校の卒業生を含む学生三人と、朝大の学生二人が企画した。朝大は、在日朝鮮・韓国人の子弟への教育を行っている。〝一緒に橋を作る中で、日本と在日社会を隔てる壁とは何か、皆で対話し考えたかった〟と武蔵美メンバーのHさん（二五）は話す……。」

私は若者たちの感性のすばらしさに、深い感動を憶えました。話し合いの中では、壁を取り壊そうという声もあったそうですが、壁はある、民族、歴史、文化など、確かに壁はある、それよりも橋を架けようという提案が朝鮮大学校の女子学生からあったといいます。

今世界は、対立と排除、排外的な動きが強まっています。アメリカ大統領予備選挙でも、声高に他国との間に「壁を作ろう」という主張に、歓声が挙がっています。本来、神と人、人と人、人と生きとし生けるものすべてをつなげる働きをするべき宗教が、テロや争い、排除の正当化に利用されています。このままでは、本当に第3次世界大戦に突入するのではないかと、わたしは恐れを抱きます。死の支配する世界に突き進んでいくのではないかと心配です。今の時代に大切なのは、若者たちが示してくれた対話と異質なものを何とかして理解しようと「橋をかける心」ではないでしょうか。桃山学院大学の「自由と愛の精神」を生きることは、言い換えると、「橋をかける」心を生きるといってていいのではないでしょうか。

桃山学院のバックボーンにあります聖公会という教会は、「ブリッジ・チャーチ」（橋渡しの教会）「ブロードチャーチ」（幅広い教会）というアイデンティティを大切にしてきました。混迷を深めるこの世界にあって、「橋渡しの」役割を担い、多様なものを「幅広く」許容していこうとすることは、大変重要なことであります。

最後に、「世界の市民」の育成について触れて、私の巻頭の言葉とさせて頂きます。先日台湾聖公会からの招きで、台北に行って参りました。そこでわが大学の建学の精神を具現化するプログラムの中で育った卒業生と会い、一献傾ける機会がありました。彼は日本語の教師として、台北で働いています。彼はこれからの自分の役割は何かを真剣に考えていました。わたしたちの結論は、「橋を架ける」役割ということになりました。台湾と日本、アジアの国々と日本に橋を架ける人になりたいということです。国と国。民族と民族だけでなく日本社会におきましても、うまくつながっていないものが沢山あります。そうした世界・社会にあって、橋を架ける役割を担う人材の育成、それが「世界の市民」の育成ではないでしょうか。

本書が桃山学院大学の更なる発展と教育・研究活動の深化につながりますよう、神の導きをお祈りいたします。

自由と愛の精神――桃山学院大学のチャレンジ――

目次

第Ⅰ部

「自由と愛の精神」と「世界の市民」

——建学の精神の具現化に向けて——

第一章

イエスにおける「自由と愛の精神」

滝澤　武人

はじめに

桃山学院の「建学の精神」は「キリスト教精神」(「学院寄付行為」第一条)であり、それは「自由と愛の精神」と常務理事会において定められている。また、「学院章」の中央にある「アンデレ・クロス」(X字型の十字架)は、イエスの教えを守りとおして殉教したと伝えられている聖アンデレ(St. Andrew)の偉大な生涯のシンボルである。そこに記されている〝SEQUIMINI ME〟(「我に従え」というラテン語)は、アンデレがガリラヤ湖畔でイエスと出会った時に呼びかけられた言葉である(マルコ一章一七節)。したがって、われわれの大学の「建学の精神」をより根底的に理解するためには、歴史的イエスの生きる姿が追求されるべきである。

二〇〇〇年にわたるキリスト教全体を「自由と愛の精神」の歴史としてとらえることも可能であろう。使徒パウロは「自由と愛」についてつぎのような感動的な言葉を残している。現代に生きるわれわれもまた、パウロの高鳴る心の鼓動を聴くことができる。

13兄弟たち、あなたがたは、自由を得るために召し出されたのです。ただ、この自由を、肉に罪を犯させる機会とせずに、愛によって互いに仕えなさい。14律法全体は、「隣人を自分のように愛しなさい」という一句によって全うされるからです。（ガラテヤ五章一三－一四節）

8愛は決して滅びない。預言は廃れ、異言はやみ、知識は廃れよう、9わたしたちの知識は一部分、預言も一部分だから。……13信仰と、希望と、愛、この三つは、いつまでも残る。その中で最も大いなるものは、愛である。（Ⅰコリント一三章八－一三節）

本稿の課題は、パウロのこのような言葉を心の奥底に刻みこみながら、イエスにおける「自由と愛の精神」の全体的方向性を探究することにある。その際、福音書の歴史的・批判的研究が前提されるが、ここでは紙幅の制限もあり、細部にわたる議論には言及しない。本稿が何らかの形で、「建学の精神」に対する議論の刺激になれば幸いである。重要なテキストのいくつかを引用・紹介したのもそのためである。

すでに二〇年近く前になるが、拙著『人間イエス』（講談社現代新書、一九九七年）の第五章「どう生きる？」において、「人間主義（自由）」と「万人の奴隷（愛）」という小項目を論じたことがある。イエスの思想と活動の全体を「自由と愛の精神」としてとらえる試みは、たんにわれわれの大学の「建学の精神」にかかわるだけではなく、新しい時代の新しいキリスト教の可能性を模索するためにも、大いに魅力的なテーマとなるであろう。

聖書テキストは『新共同訳聖書』（日本聖書協会、二〇〇六年）から引用させていただいたが、「一部変更」したり

「私訳」した箇所もある。その都度明記しておいた。

A　自由

第一節　イエスの「権威」

「自由」はキリスト教にとってきわめて重要な根本概念である。エルンスト・ケーゼマンは『自由への叫び』の序言において、「自由の叫びのための闘いは教会史を貫いている。この闘いはあらゆる世代、あらゆるキリスト者の人生において常にとり上げられるに違いない」と記している。[1] まさにそのとおりであろう。「自由」を強調した代表的人物として、パウロ、アウグスチヌス、ルター、バルトなどの名前をあげることができるであろう。

しかしながら、イエスは「自由」という言葉をまったく使用していない。イエスが福音書において「自由」を語る唯一のテキストは、「真理はあなたたちを自由にする」（ヨハネ八章三二節）であるが、そこにはヨハネ神学が濃厚に反映されており、イエス自身の歴史的発言とは考えられない。しかしながら、そこからただちにイエスが「自由」とはまったく無関係に生きていたと結論づけることもできないであろう。

あえて図式的にまとめるならば、イエスという人間は、一世紀前半のパレスチナというローマ帝国支配下にある歴史的・社会的状況の中で、さまざまな困窮者（被抑圧者・被差別者）たちの「自由」を求め、支配者たちと闘いつづけたと言えよう。まさに、「弱きを助け、強きを挫《くじ》く」典型的な「英雄」であり「スーパースター」であったのだ。その結果、イエスはローマ帝国への政治的反逆者として「十字架刑」によって処刑されたのである。世界でもっとも残虐な処刑方法である「十字架」のシンボルは、同時に「自由」のシンボルとも重なりあう。それは「新しいキリスト教の可能性」ともなりうるであろう。

「自由」という視点からイエスを論じた日本語の書物はほとんど見いだされない。諸外国においてもおそらく同じような状況であろう。最近翻訳されたクリスチャン・デュコック『自由人イエス』は、全体的には必ずしもイエスを歴史的に追求したものではないが、そのような方向を明確に打ち出しただけでも貴重である。本稿と重なる部分は、主としてその第二章「ナザレのイエス―自由の人」であり、デュコックはイエスの有する「権威」（エクスーシア）という概念に注目する。マルコ福音書のテキストを引用しよう。

21一行はカファルナウムに着いた。イエスは、安息日に会堂に入って教え始められた。22人々はその教えに非常に驚いた。律法学者のようにではなく、権威ある者としてお教えになったからである。……27人々は皆驚いて、論じ合った。「これはいったいどういうことなのだ。権威ある新しい教えだ。この人が汚れた霊に命じると、その言うことを聴く。」28イエスの評判は、たちまちガリラヤ地方の隅々にまで広まった。（マルコ一章二一－二八節）

このテキストはすべて福音書記者マルコが書いた「編集句」である。したがって、それはイエス自身の発言ではなく、「人々」（民衆）がそう言っていたという報告にすぎない。しかしながら、イエスの「権威」を認めた民衆はやがてイエスを「洗礼者ヨハネ（の生まれかわり）」「エリヤ」「預言者の一人」（マルコ六章一四－一五節、八章二八節）などという驚くべき尊称で呼ぶようになる。おそらくイエス自身も、ヨハネの洗礼が「天からのもの」と信じ、自らの「権威」もまたやはり「天からのもの」と信じて活動していたのであろう（マルコ一一章二七－三三節）。

テキストにもどろう。ガリラヤ湖畔の町カファルナウムがイエスの活動拠点であり、「安息日のユダヤ教会堂」に時間と場所が設定されている（二一節）。すなわち、ユダヤ教の律法学者たちがそこに集まり、イエスの言動に注目していたのである。人々はその教えに「非常に驚いた」という。「権威ある者」として教えていたからである（二二節）。その教えは律法学者たちをはるかに「超越」し、「自由」であり、「権威」を有していたのである。

イエスは一人のユダヤ人として生まれ、かなり優秀で敬虔なユダヤ教徒として教育された。だが、やがて「ユダヤ教」という「枠」を超え出て、その根底を批判しながら生きぬいた。イエスの有する「権威」が、一方ではさまざまな困窮者たちに「自由」と「愛」をもたらし、他方ではユダヤ教を批判する「力」となっていったのであろう。「エクスーシア」というギリシャ語には、「権威」「権力」「支配」などとともに、「自由」「権利」という意味も含まれている。デュコックは、イエスのこの「権威」が「自由」に結びついていると考える。イエスを「自由人」としてとらえようとする試みは、現代におけるキリスト教に新しい可能性をもたらすことになるかもしれない。

群衆が彼の印象を表すためにつかう「権威ある」という言葉は、イエスの社会的関係と宗教的態度をより注意深く考察した結果、見えてくることを、実によく要約している。私はこの「権威ある」という用語を、「自由」という、私たちの現代文化にもっと適した概念によって表した。この抽象的概念は、さらに具体的な「自由人」という概念で置き換えたほうがもっといいだろう。そうすることで私たちは、かなり高い蓋然性で、歴史的存在としてのイエスの人柄をつきとめられる。(2)

キリスト教徒は、イエスの人柄の本質であるこの「自由」さ、この「権威」のことをあまりにも簡単に忘れてしまう。それらは、彼から、体制としての教会の必要性から後に付与された性質とは合致しない、別の一つの肖像を導き出す。「自由」と「権威」こそが、彼の同時代人が彼を「預言者」であると見なしたことを、説明するのだ。(3)

第二節　ユダヤ教からの自由

23ある安息日に、イエスが麦畑を通って行かれると、弟子たちは歩きながら麦の穂を摘み始めた。24ファリサイ派の人々がイエスに、「御覧なさい。なぜ、彼らは安息日にしてはならないことをするのか」と言った。25イエスは言われた。……27「安息日は、人のために定められた。人が安息日のためにあるのではない。28だから、人の子は安息日の主でもある。

（マルコ二章二三―二八節）

安息日とは、もともと古代農耕社会の休息する権利として定められたものであり、「あなたの牛やろばが休み、女奴隷の子や寄留者が元気を回復するため」（出エジプト記二三章一二節）にある。動物をも含めた「社会的弱者」に対するなんと心やさしい条例ではないか。いわゆる「生存権」の確保とも言えよう。しかしながら、やがてバビロン捕囚時代に成立した「天地創造物語」の中で、安息日が絶対化・聖化され（創世記二章一―三節）、やがて安息日にしてはならない禁止条項が次々に定められ、人間の生活を縛りつけるものとされていった。安息日条項に違反する者は、「必ず死刑に処せられる」（出エジプト記三一章一四節、三五章二節）と厳命されるまでにいたったのである。

そのような背景を考えると、イエスのこの発言はまさに「いのちがけ」であったはずである。イエスは「安息日」よりも「人間」が大事だと言いきっている（二七節）。安息日条項からの人間の「自由」（解放）を高らかに宣言しているのである。マルコはこのイエスの言葉を福音書の中にそのまま書き記した。だが、マタイとルカの平行記事はいずれもこの言葉を削除している。もちろん、イエスの発言がラディカルすぎたためであろう。

二八節はおそらくマルコによる付加であり、これにつづく「手の萎えた人を癒す」（三章一―六節）物語につないでいる。そして、それもまたやはり「安息日のユダヤ教会堂」における出来事であり、「ファリサイ派の人々は出て行き、早速、ヘロデ派の人々と一緒に、どのようにしてイエスを殺そうかと相談し始めた」（マルコ三章六節）という。いわば「ファリサイ派」（反ローマ）と「ヘロデ派」（親ローマ）というまったく相異なる左右両極派が、イエス殺害という一点においてはしっかりと手を結んでいたのである。

もちろん、ユダヤ教指導者に対するイエスの批判は多方面にわたっており、この小稿ではとうてい論じつくすことはできない。最終的には、ユダヤ教の拠点であるエルサレム神殿壊滅の痛烈な言葉が残されている（マルコ一三章二節）。エルサレム神殿がまさに崩壊すると断言している。だが、この発言はおそらくイエス周辺のごく親しい者だけに語られたらしく、最終的にイエス処刑の決定的理由とはならなかった（マルコ一四章五三－六〇節）。

しかしながら、エルサレム神殿から商人たちを追いはらいながら、イエスはユダヤ教指導者たちに公然と「あなたたちはそれを強盗の巣にしてしまった」（マルコ一一章一七節）と言い放ったという。これもまたきわめてラディカルな神殿批判と言わざるをえない。さすがに、「祭司長たちや律法学者たちはこれを聞いて、イエスをどのように殺そうかと謀った」（マルコ一一章一八節）という。ユダヤ教支配層に対するイエスの批判は凄まじく徹底している。

第三節　ローマ帝国からの自由

42あなたがたも知っているように、諸民族の支配者とみなされている者たちが、諸民族の上に君臨し、大いなる者たちが権力をふるっている。43しかし、あなたがたの間では、そうであってはならない。……44最高位者になりたい者は、万人の奴隷となれ。（マルコ一〇章四二－四四節、私訳）

もし最高位者になりたければ、万人の最底辺者となれ。（マルコ九章三五節、私訳）

きわめて刺激的な発言であり、ローマ帝国の支配者たちを痛烈に批判している。すなわち、イエスはローマ帝国に対しても断固たる「権威」を有して発言しており、いわばローマ帝国を超越し、ローマ帝国から「自由」であったと言えよう。文中の「最高位者」（プロートス）はローマ帝国の現実の具体的な官職名であり、「最底辺者」（エスカトス）と対照的なものである。イエスの真意は明らかであろう。ローマ帝国のように諸民族の上に横暴に権力をふるってはならない。むしろ、「最底辺者」や「奴隷」のように生きるべきである。

もちろん、イエスがここで現実の「最底辺者」や「奴隷」となることを推奨しているわけではない。「万人の最底辺者」や「万人の奴隷」となることなどできないであろう。イエスはどこまでも「最高位者」たちを逆説的に批判しようとしているのである。それは洗礼者ヨハネ教団にまで遡る「マリアの賛歌」の一節と密接に結びついている。「権力者たちをその座から引きずり降ろし、卑賤者たちを高く上げられました」（ルカ一章五二節、私訳）。洗礼者ヨハネから洗礼を受けたイエスの心の奥底に生きつづけていたのは、まさにこのように激しい革命的な思想であったのかもしれない。というよりもむしろ、このような思想がヨハネにあったからこそ、イエスはヨハネから洗礼を受けたのであろう。

ローマ帝国の「最高位者」に対するイエスの鋭い批判は、「仲間を赦さない家来」の譬え（マタイ一八章二三－三四節）に直結している。かなり長いものなので、残念ながら全文引用はできないが、次のようにまとめられるであろう（金額はおおよその換算！）。

ある王様が家来たちに貸した金の返済をせまった。一万タラントン（六〇〇〇億円）もの借金を返せない家来がいたが、彼を憐れみ帳消しにしてやった。ところが、その家来が外に出て仲間に出会うと、一〇〇デナリオン（一〇〇万円）の借金の返済を強くせまり、彼を牢屋にぶち込んでしまった。それを聞いた王様は大いに怒り、一万タラントン貸していた家来を呼びもどし、全額返済するまでと牢役人に引き渡した。

話の内容は誰にでもすぐ理解できるものであり、説明の必要はほとんどないであろう。説明すべきはただ一つ「一万タラントン」だけであろう。ここでは、その時代にパレスチナ全土の支配者であったあの「ヘロデ大王」の年収が「九〇〇タラントン」であったという事実だけを指摘しておきたい。「一万タラントン」とはその十倍以上の金額であり、われわれには想像もつかないほどの大金なのである。

さて、イエスの譬えにもどろう。「一万タラントン」もの「借金」ができる「家来」とはいったいどんな人物であろうか。もし聴衆がイメージできるとすれば、「諸民族の支配者」「最高位者」であったローマ帝国の皇帝およびその周辺の支配者たちのほかにはないだろう。そして、そのような大金を家来たちに貸し与えている「王様」とは、もちろん「神様」にほかならない。ローマ帝国の支配者たちは、神様から与えられている権力を民衆の上に横暴にふるっているのだ！ これはまさに痛快な譬え話である。聴衆はみな腹をかかえて笑いころげていたにちがいない。ローマ帝国の支配者たちをも笑いとばすような、「自由人イエス」の精神が脈うっている。イエスはまさにシャベリの達人・笑いの天才なのだ！

有名な「タラントン」の譬え（マタイ二五章一四－三〇節）もまたこのような視点から読まれなければならないであろう。さらに、「墓場の男の癒し」物語（マルコ五章一－二〇節）をも思いおこさなければならないであろう。そこでは「レギオン」という名の悪霊が乗り移った豚の大群が、ガリラヤ湖になだれ込み、湖の中でおぼれ死んだという（八－一三節）。すなわち、この「レギオン」とは六〇〇〇名の兵士からなるローマ帝国の正式な軍団の名称にほかならない。そのレギオンがユダヤ人にとって汚れた動物である豚の大群の中に入り込んでおぼれ死んでしまうという話なのだ！

Ｂ　愛

第四節　汝の敵を愛せ！

43あなたがたもきいているとおり、「隣人を愛し、敵を憎め」と命じられている。44しかし、わたしは言っておく。敵を愛しなさい。……45父は悪人にも善人にも太陽を昇らせ、正しい者にも正しくない者にも雨を降らせてくださるからである。（マタイ五章四三－四五節、一部変更）

「汝の隣人を愛せ！」がイエスの中心的な教えと思いこんでいる人はかなり多いだろう。しかしながら、それは大まちがいだ。それはイエスが敵対していたユダヤ教のもっとも重要で教えであり、ユダヤ教徒ならば誰でも知っている（というより幼少の頃からくり返しくり返したたき込まれていた）教えなのである。だがイエスはそれに真正面から異を唱える。むしろ、「敵を愛せ！」

これはきわめてイエスらしい皮肉をこめた抵抗の仕方である。すなわち、あのモーセの「十戒」の中にある「殺すな」という戒律に対して、イエスは「兄弟に腹を立てる者はだれでも裁きを受ける」（マタイ五章二一－二二節）とちょっととぼけながら言い返す。さらに、「姦淫するな」に対しては、「情欲をいだいて女を見る者はだれでも、すでに心の中でその女を犯したのである」（マタイ五章二七－二八節、私訳）とちょっとからかいながら反論する。いずれも人間の心の奥底までをも知りつくした発言であろう。

「敵を愛せ！」という発言もまた、「隣人を愛せ！」ばかりをひたすらくり返しているユダヤ教指導者たちに対する根底的な異議申し立てである。すなわち、あなたがたはいつも「隣人を愛せ」ばかりを強調している。だが、ユダヤ人にとっての「隣人」とはユダヤ人だけなのである。ユダヤ人以外の人間は「隣人」とはなりえない。むしろ「敵」として「憎む」ことになるのだ。「敵を憎め」という言葉は、おそらくイエス自身の皮肉に満ちた挿入であろう。もしそれほど「隣人愛」を強調したければ、あなたがたが憎んでいる敵をも愛すべきではないのか。それがほんとうの「愛」というものではないのか。

さらにイエスは追い打ちをかける。あなたがたの父である神は、「悪人にも善人にも太陽を昇らせ、正しい者にも正しくない者にも雨を降らせてくださる」（四五節）ではないか。「隣人」のみを愛するあなたがたの姿勢は根本的にまちがっているのではないか。皮肉と逆説とユーモアに満ちた、まさにイエスらしい機知に富んだ痛快な発言と言えよう。もちろん、イエス自身も敬虔なユダヤ教徒の一人である。しかしながら、その姿勢はすでに「ユダヤ教」の枠をはるかに超え出ている。

第五節 「善いサマリア人」の譬え

25ある律法の専門家が立ち上がり、イエスを試そうとして言った。「先生、何をしたら、永遠の命を受け継ぐことができるでしょうか。」26イエスが、「律法には何と書いてあるか。あなたはそれをどう読んでいるか」と言われると、27彼は答えた。「『心を尽くし、精神を尽くし、力を尽くし、思いを尽くして、あなたの神である主を愛しなさい、また、隣人を自分のように愛しなさい』とあります。」28イエスは言われた。「正しい答えだ。それを実行しなさい。そうすれば命が得られる。」29しかし、彼は自分を正当化しようとして、「では、わたしの隣人とはだれですか」と言った。30イエスはお答えになった。

「ある人がエルサレムからエリコへ下って行く途中、追いはぎに襲われた。追いはぎはその人の服をはぎ取り、殴りつけ、半殺しにしたまま立ち去った。31ある祭司がたまたまその道を下って来たが、その人を見ると、道の向こう側を通って行った。32同じように、レビ人もその場所にやって来たが、その人を見ると、道の向こう側を通って行った。33ところが、旅をしていたあるサマリア人は、そばに来ると、その人を見て憐れに思い、34近寄って傷に油とぶどう酒を注ぎ、包帯をして、自分のろばに乗せ、宿屋に連れて行って介抱した。35そして、翌日になると、デナリオン銀貨二枚を取り出し、宿屋の主人に渡して言った。『この人を介抱してください。費用がもっとかかったら、帰りがけに払います。』36さて、あなたはこの三人の中で、だれが追いはぎに襲われた人の隣人になったと思うか。」（ルカ一〇章二五－三六節）

論争相手は「律法の専門家」である。「立ち上がり」「イエスを試そうとして」（二五節）という言葉から推察されるように、おそらくイエスよりずっと年長で学識もあり、それなりの権威と自信を持っていたしかるべき人物であったのだろう。二七節は自信満々の完璧な発言である（なお、マルコ一二章二八－三一節では、イエスがこれに類した発言をなしたことになっているが、おそらく「愛」を強調するようになったキリスト教会による修正であろう）。だが、イエスは愛の「実行」を要求する（二八節）。このやりとりは非常に面白い。そして、「わたしの隣人とはだれですか」（二九節）という律法学者の問いかけに対する反論として語られたのが、「善きサマリア人」の譬えである。

譬え自体の内容はきわめて具体的でとてもわかりやすい。明記されてはいないが、追いはぎに襲われた被害者は、おそらくユダヤ人であったのだろう。そして、そこを通りかかった「祭司」と「レビ人」とは、もちろんユダヤ教の指導者であり、いつも民衆に「隣人を愛せ」と教えていた人間たちである。ところが彼らはいずれも、「その人を見ると、道の向こう側を通って行った」（三一節、三二節）という。これだけでもたいへん刺激的であり、イエスらしい皮肉と批判精神に満ちている。話しぶりもさぞ巧妙だったのであろう。

そして、「祭司」と「レビ人」につづく第三の登場人物は、なんと「サマリア人」である（三三節）。これはまったく奇想天外な発想と言わねばならない。さすがの律法学者もこれにはびっくり仰天したにちがいない。ユダヤ人とサマリア人は、数百年にわたりきわめて厳しい民族的対立をくり返してきたからである。そのサマリア人がユダヤ教指導者たちに見捨てられたユダヤ人被害者に対して、まさに至れり尽くせりの愛の実践をなしたというのである。

この譬えは「ある実際の事件」として起こったものであり、その時代の誰でもが知っていたニュースだったのかもしれない。[4] もしそうだとすれば、なおさら痛快である。ユダヤ人であるイエスは、ユダヤ人のサマリア人差別に抗議しつつ、それを逆転しようとしたのであろうか。「神を愛し、隣人を愛せ」という律法学者に対して、イエスは「正しい答えだ。それを実行しなさい」と鋭く切り返している（二七－二八節）。「愛」はたんなる理論ではなく、その実践こそが重要なのだ。

最後に、イエスは律法学者に「だれが追いはぎに襲われた人の隣人になったと思うか」と問いかけている。この発言にもかなり皮肉がこめられている。律法学者は反論のしようもなく、そこから無言で立ち去ったはずである（三七節はルカによる付加）。ユダヤ人にとっての「隣人」とはユダヤ人のみであると認識していたユダヤ教の律法学者を、イエスは怒りをこめて痛烈に批判しているのであろう。「愛」というものは限定されるものではないのである。

第六節　困窮者たちへの愛

イエスにとって「神の国」とは、「徴税人・娼婦」（マタイ二一章三一節）、「乞食」（ルカ六章二〇節）、「罪びと」（マルコ二章一七節）、「病人・障害者」（ルカ一一章二〇節）、「異邦人」（マタイ八章一一節）、「子供」（マルコ一〇章一四－一五節）、「最も小さな者」（ルカ七章二八節）、「日雇い労働者」（マタイ二〇章一－一〇節）のものである。そして、それ以外の人間が「神の国」に入るとはどこにも書かれてはいない。すなわち、イエスの「神の国」とは社会の最底辺で苦しみながら生きている困窮者（被抑圧者・被差別者）たちのものなのである。逆に、「律法学者・ファリサイ人」（マタイ二三章一三節）、「義人」（マルコ二章一七節）、「金持」（マルコ一〇章二五節）、「資産家」（ルカ一四章一七－二〇節）は、決して「神の国」には入れない。

イエスは「貧困や飢餓」「差別や抑圧」「病気や障害」などさまざまな「困窮者」たちと出会い、語りかけ、激励し、生きる希望と「自由」をもたらそうとしたのである。いくつかのテキストを検討しよう。

7「求めなさい。そうすれば、与えられる。……9あなたがたのだれが、パンを欲しがる自分の子供に、石を与えるだろうか。10魚を欲しがるのに、蛇を与えるだろうか。11このように、あなたがたは悪い者でありながらも、自分の子供には良い物を与えることを知っている。まして、あなたがたの天の父は、求める者に良い物をくださるにちがいない。…」（マタイ七章七－一一節）

イエスのもっとも有名な言葉であろう。イエスが語りかけている相手は、空腹でパンと魚を欲しがっている子供の父親たちである。彼らは社会的に「悪い者」（一一節）というレッテルをはられているところが面白い。イエスはこういう人間たちの仲間だったのである。たとえ「悪い者」と呼ばれている父親であっても、可愛いわが子には何とかして美味しい物を与えようとするではないか。それとまったく同じように、「天の父」である神様も、「求める者に良い物をくださるにちがいない」のだ。なんと、「悪い者」である「父親」と「天の父」である「神様」とが類比されているのである。なんと大胆なイエスのユーモア精神！

その父親たちは「施し」や「お恵み」によって生きのびていたのかもしれない。現実的には「乞食」をしながら生きていたのであろう。人間にとってもっとも必要な物は「食べ物」であり、それがなければ生きていけないからである。おそらくイエスはここでいわば「乞食」の側に身を置きながら、「求めつづけろ！ そうすればきっと与えられるから！」と言っているのであろう。「しつこく求めつづけること」の重要性は、「深夜、友人にパンを求める」譬え（ルカ一一章五‐八節）や「裁判官とやもめ」の譬え（ルカ一八章二‐五節）などにも認められる。

ヨアヒム・エレミアス『イエスの譬え』は、「乞食の執拗さ」について次のように記している。「物を乞う場合は、あくまでも粘り強くなければならない。引き下がってはならないし、きつい言葉におびえてもいけない。そうすれば、賜物を受けられる」のである。[5] 極貧者たちは「施し」を受ける権利（いわば「生存権」）を神によって保証されているのである。これはイエスのあの逆説的で刺激的な発言、「幸い、乞食たち！ 神の国は彼らのもの！」（ルカ六章二〇節とマタイ五章三節から合成、私訳）とも重なってくるであろう。なお、通常「貧しい人々」と訳されているギリシャ語の「プトーコス」の原意は「乞食」である。

ここで、加島祥造『求めない』というとても興味深い本に言及させていただく。加島によれば、英米文学から老子のタオイズムに研究分野を転じ、伊那谷の自然の中に独居する生活の中から、「とつぜん私の胸中に『求めない ―』ではじまる語群が次々と湧き出した」とのことである。それは一見したところ、イエスの「求めよ」とは正反対のようにも見える。しかしながら、これらはそのように対立する思想ではないであろう。ここでは、「はじめに」の詩の冒頭部分のみを引用しておく。[6]

誤解しないでほしい。
「求めない」と言ったって、
どうしても人間は「求める存在」なんだ。
それをよく承知の上での
「求めない」なんだ。

なにがなんでも「求めない」と言っているわけではない。貧困と飢餓の中で「求めよ！」と言うイエスとは、置かれている状況がまったく異なっているのである。さすがに加島は、老子とイエスの思想との親近関係をも指摘している。「この思想はずいぶん古くからあった。老子や孔子、ブッダやキリストは、男性中心社会の欲望過多に深い警告を発したのです」(7)。もちろん、「西洋的合理主義」と「イエス」とを無批判的に同一視されているわけでもない。

アッバ（お父ちゃん）
必要なパンを与えてください。
借金をチャラにしてください。
悪者どもから救ってください。
（マタイ六章九―一三節とルカ一一章二―四節から合成、私訳）

世界中で唱えられているいわゆる「主の祈り」の原型を復元してみた。まず、アラム語の「アッバ」とは、子供たちが家庭で父親に対して親しく呼びかける言葉であり、まさに「お父ちゃん」である。ここでイエスはかなりふざけているのだ。そして、「パン」「借金」「悪者」というきわめて具体的な要求項目をストレートにあげている。それで終わりである。もちろん「アーメン」もなにもつけていない。イエスは自分自身の発言の冒頭で「アーメン」と唱えてしまう人間なのだ（マルコ三章二八節、八章一二節、九章一節など多数）。

イエスは自分の周辺にいる困窮者・極貧者たちが切実に求めているものを知っていたのであろう。最初は「パン」つぎに「借金」であるが、これについて説明は不要であろう。三番目の「悪者」については難しい判断が要求されるが、マタイ六章一三節に残されている「悪い者から救ってください」をイエス自身の発言として残したい。それがもっともイエスらしくもっとも面白そうな可能性だからである。「悪者」とは、権力をバックにして、民衆に「暴力」

や「強奪」や「強制労働」を働いていた人間たちのことであろう（マタイ五章三八－四一節）。特に、マタイ五章三九節の「悪人に手向かってはならない」という文言に注目しなければならない。イエスは彼らに対して、「左の頬も突き出してやれ！」「上着も添えてくれてやれ！」「一緒にもう一里歩いてやれ！」と絶叫したかったのであろう。「主の祈り」の原型は、「パン」「借金」「悪者」というきわめて現実的で切実な要求があげられていたのである。はたしてそれが「祈り」と言えるのか。聴衆の間には驚きと笑いが自然と沸き起こっていたにちがいない。だがそれこそ彼らがほんとうに欲しいものであったにちがいない。それこそがほんとうの「祈り」というものであろう。この祈りこそまさにイエスらしいユーモアと皮肉と笑いに満ちた絶品である。できれば「主の祈り」の代わりに唱えられる日がくればよいのに……。

「イエスの祈り」は決して宗教的枠組みに組み込まれるものではなく、むしろそこからの解放であり、人間の心の奥底の現実的願望の自由な吐露である。イエスの基本姿勢は、たとえばあの「赤毛のアン」の祈りの中にしっかりと受け継がれているように思われる。

どうしてお祈りの時にはひざまずくの？　私なら、心からお祈りしたくなったら、たった一人で、広い原っぱか、深い森に出かけて、空を仰ぎ見るわ。どこまでも、どこまでも高く、高く、その青い色に果てがないくらい美しい青空を見上げるの。そうすれば、心にお祈りを感じるでしょうよ。(8)

天に在す、恵み深き父よ、《歓びの白い路》と、《輝く湖水》と、《ポニー》と、それから《雪の女王様》をお与え下さいまして、感謝いたします。心よりありがたく存じます。今、あなた様にお礼申し上げたいお恵みは、これだけです。それからお願いの方は、たくさんありすぎて一つ一つ数え上げるときりがありませんので、いちばん大事なのを二つだけ申しあげます。一つは、どうか私をグリーン・ゲイブルズにおいて下さい。もう一つは、大きくなったら美人にしてください。敬具。

かしこ、アン・シャーリー⑨

なんと自由奔放で想像力豊かであり、なんと微笑ましく、なんと美しく感動的な祈りであろうか。「イエスの祈り」の解説には「赤毛のアンの祈り」がピッタリである。あとは何も語る必要はない。「アーメン」を使わず「敬具」「かしこ」なんてサイコー。「大きくなったら美人にしてください！」には泣かされる。赤毛でそばかすだらけの少女にとって、この祈りこそすべてだったのであろう。イエス周辺の困窮する民衆にとって、「パン」「借金」「悪者」がすべてであったように……。

もともとイエスはあまり祈らなかったようである。最後の「ゲッセマネの祈り」以外には、イエスの祈る姿はあまり見いだされない。イエスの祈りの場所も、わざわざ「人里離れた所」（マルコ一章三五節）や「山」（マルコ六章四六節）に出て行ってたった一人で祈っている。それは自然の懐にいだかれながらの「瞑想」や「休息」というものだったのであろう。これも赤毛のアンそっくりである。

二羽の雀《すずめ》が一アサリオンで売られているではないか。だが、その一羽さえ、あなたがたの父のお許しがなければ、地に落ちることはない。（マタイ一〇章二九節）

「アサリオン」とは「デナリオン」の十六分の一にあたり、もっとも価値の低いローマの通貨であり、先に言及した「タラントン」の反対極にある。したがって、この「雀」は最底辺に生きる困窮者・極貧者たちに譬えられているのであろう。価値がないと思われているあの雀たちにも、神の愛はつねに豊かにそそがれており、死の瞬間にいたるまで神の見守りの中にあるのだ。弱者に対するイエスの深く烈しい愛情が満ちており、思わずホロリとしてしまう名文句である。

ついでに一言しておくと、ルカ福音書一二章六節の平行記事では「五羽の雀が二アサリオンで売られている」と記されている。いろいろ議論されているが、居酒屋のバーゲンセールでも思いおこせばよさそうである。すなわち、「もう一アサリオン出せば、一羽多くサービスするよ！」ということであろうか。

24烏《からす》のことを考えてみなさい。種も蒔《ま》かず、刈り入れもせず、納屋も倉も持たない。だが、神は烏《からす》を養ってくださる。あなたがたは、鳥《とり》よりもどれほど価値があることか。……27野原の花がどのように育つかを考えてみなさい。働きもせず紡ぎもしない。しかし、言っておく。栄華を極めたソロモンでさえ、この花の一つほどにも着飾ってはいなかった。28今日は野にあって、明日は炉に投げ込まれる草でさえ、神はこのように装ってくださる。まして、あなたがたにはなおさらのことである。（ルカ一二章二四－二八節）

「空の鳥《とり》・野の花」としてもっとも有名なイエスの言葉である。下手な解説は不要なので、どうぞじっくりお読みいただきたい。「からす」は忌み嫌われていた鳥であり、キツイ農作業に追われる男たちの象徴。「野原の花」はユリやバラのような美しい立派な花ではなく、「明日は炉に投げ込まれる草」（雑草）であるが、あのソロモン王の栄華よりもはるかに美しく咲いているではないか。こちらは女性たちをホロリとさせていたにちがいない名文句。

あなたがたの中に、百匹の羊を持っている人がいて、その一匹を見失ったとすれば、九十九匹を野原に残して、見失った一匹を見つけ出すまで捜し回らないだろうか。（ルカ一五章四節）

もしほんとうの羊飼いならば、自分が見失った一匹の羊をどこまでも捜し回るであろう。それと同じように、神もあなたがた一人一人を決して見捨てることなく、捜し求めてくださるにちがいない……。「野原に残して」の「残す」という動詞（カタレイポー）は、「放置する」「見捨てる」というかなり強い意味を有しており、見失った者たちを回復しようとするイエスのきわめて強い姿勢が読みとれる。

羊飼いと羊の間を結びつける強い絆（愛情）については、ヨハネ一〇章一―五節及びヨハネ一〇章一一―一三節をも参照願いたい。ただし、これらの発言がどこまでイエス自身のものと認められるかの判断はかなり微妙である。

おわりに

イエスはガリラヤ地方の寒村ナザレで生まれ、かなり優秀で個性的なユダヤ教徒として成長し、やがて自らのユダヤ教を批判的に乗り越えながら、新しい時代の新しい可能性を大胆に求めつづけた人間である。

イエスは「自由」という言葉をまったく用いていない。だが、その生きざまはまさに「自由」という言葉にふさわしい。「家族」（マルコ三章二〇―二一節、三一―三五節）からも、「故郷」（マルコ六章一―六節）からも「自由」となり、その時代の「ユダヤ教」や「ローマ帝国」の「枠」からも「自由」に生きつづけた結果、十字架刑で処刑されたのである。

イエスが「愛」という言葉を用いたテキストは二つだけである。いずれも「愛」を逆説的に批判しており、「愛」そのものを美化し強調することは決してない。しかしながら、イエスは「困窮者たち」と共に生きつづけ、彼らを支え励ましながら、いわば彼らを「愛」しぬいた人間なのである。

福音書には「癒し」と「食事」にかかわるイエスの物語がかなり多く含まれている。本稿ではそれらに言及しなかったが、そのような「実践活動」もまた「自由と愛の精神」からとらえなおすことができるであろう。いわゆる釜ケ崎や山谷や寿《ことぶき》地区などの「寄せ場」の活動の中から福音書を読みなおす試みにも注目すべきであろう(10)。また、

「A Spirituality of Radical Freedom」という副題を持つ、アルバート・ノーランの新しいイエス研究も刺激的な問題提起に満ちている。(11) ノーランは、南アフリカの改革運動の中から歴史的イエスを追求しつづけたドミニコ会神父である。(12)

「自由と愛の精神」に向かう私自身の出発点は、エーリッヒ・フロムの二冊の「名著」にある。(13) フロムもまたイエスとまったく同じように、敬虔なユダヤ教徒の家庭に生まれ、やがてユダヤ教から離れながらも、生涯ユダヤ教の伝統から大いに学びつづけ、同じくユダヤ教世界から出発したマルクスとフロイトを土台として、新しい独自の「ヒューマニズム」理論を構築した人間であると言えよう。そこには新しい時代の新しい「ユダヤ教精神」が豊かに息づいているように思われる。

現代に生きるわれわれもまた、新しい「キリスト教精神」に基づく大学の新しい可能性を求め、思想・信条も専門分野もまったく異なる人間たちが召しだされ、「自由と愛の精神」の探求へと旅立つことができた。その小さな一歩を記念して、「酒飲み」（マタイ一一章一九節）と批判されていたイエスの決意と希望と微笑みと皮肉が複雑に混ざりあっている楽しい言葉をここに掲げさせていただきたい。

「新しいぶどう酒は、新しい革袋に」（マルコ二章二二節）

注

（1）ケーゼマン（川村輝典訳）『自由への叫び』ヨルダン社、一九七三年、六頁。
（2）デュコック（竹下節子訳）『自由人イエス』ドン・ボスコ社、二〇〇九年、六五頁。
（3）同書、六七頁。
（4）エレミアス（善野碩之助訳）『イエスの譬え』新教出版社、一九六九年、二二二頁。
（5）同書、一七五頁。
（6）加島祥造『求めない』小学館文庫、二〇〇七年、五頁。
（7）同書、一九一頁。
（8）モンゴメリ（松本侑子訳）『赤毛のアン』集英社文庫、二〇〇〇年、七八頁。
（9）同書、七九頁。
（10）渡辺英俊『片隅が天である』新教出版社、一九九五年
　〃　『地べたの神』新教出版社、二〇〇五年
本田哲郎『小さくされた者の側に立つ神』新世社、一九九〇年
　〃　『釜ケ崎と福音』岩波書店、二〇〇六年（岩波現代文庫、二〇一五年）
（11）ALBERT NOLAN, *JESUS TODAY～A Spirituality of Radical Freedom*, 2006
（12）ノーラン（吉田聖訳）『南アフリカにいます神』南窓社、一九九三年
　〃　（篠崎榮訳）『キリスト教以前のイエス』新世社、一九九四年
（13）フロム（飯坂良明訳）『自由であるということ』河出書房新社、二〇一〇年
　〃　（鈴木晶訳）『愛するということ』紀伊國屋書店、一九九一年

参考文献

荒井献『イエスとその時代』岩波新書、一九七四年
田川建三『イエスという男』三一書房、一九八〇年（作品社、増補改訂版、二〇〇四年）

大貫隆『イエスという経験』岩波書店、二〇〇三年（岩波現代文庫、二〇一四年）
佐藤研『最後のイエス』ぷねうま舎、二〇一二年
滝澤武人『人間イエス』講談社現代新書、一九九七年
〃　『イエスの現場―苦しみの共有』世界思想社、二〇〇六年

第二章

人間として世界に立つ
――「自由と愛」の精神に根ざして、「世界の市民」を養成する――

村田　晴夫

はじめに

桃山学院大学の教育理念は、「自由と愛」の精神に根ざして「世界の市民」を養成すること、である。そしてこれらの基礎には建学以来の「キリスト教精神」がある。SEQUIMINI ME（我に従え）が刻まれた学院章がそれを象徴している。

この教育理念は実に普遍的であり、かつ具体的である。

私は、桃山学院大学の学長を勤めていたとき（二〇〇〇年四月〜二〇〇四年三月）に、この理念について改めて考え、思ったことをそのときの大学の広報誌『アンデレクロス』に八回にわたって書いておいた（二〇〇〇年一〇月〜二〇〇三年一二月）のであるが、それらの拙文を基にして、この理念「自由と愛」、「世界の市民」の意味するところのものをまとめてみることにした。『アンデレクロス』に執筆した拙文を、この稿では《アンデレクロスの八章》と表記し、適当な編集を加えて、付録として巻末に掲載する。

あえてそういう決意をなした第一の理由は、谷口照三教授と瀧澤武人教授の懇切な慫慂に依るものであるが、同時に私を駆り立てたもう一つの理由は、このすばらしい理念についてなお何らかの考えを発展させることが私自身の喜びに繋がること、これであった。

以下、この理念について語っていきたい。それをなすに当たって、私はＡ・Ｎ・ホワイトヘッドの有機体の哲学を踏まえて進めたいと思う(1)。その哲学が、「自由と愛」と「世界の市民」を語るのに最も相応しいと思うからである。そしてこのときまさに、私はホワイトヘッドの思想研究に没頭しつつあったという事情がこれに重なっていた(2)。

私たちはみな何よりもまず人間である。人間として立たなければならない。そして、どこに立つのかと問われよう。「人間として世界に立つ」、これが答えである。これこそが「世界の市民」の基本の姿である。「世界に立つ」とはどのようなことか。私はそれを文明という見方で見ていこうと思う。その見方はさらに自然的世界にも拡大していくであろう。

そのような順序で、この論考は展開される。

第一節　人間として世界に立つ――「世界の市民」――

「自由と愛」はキリスト教精神に基づく教育の理念として掲げられたのであるが、その精神はまことに人間と人間社会における、そしてまた地球という自然的世界における、普遍的な根源性を述べている。この普遍的精神性を実現する人格のありようとして「世界の市民」と言われるのであると理解されよう。人間として世界に立つこと、すなわち、自由と責任を自らのものとして自覚し、愛の心をもって平和を探究する人間として立つ。これが「世界の市民」の基本要件である。

「世界の市民」は、民族あるいは国家の価値観に献身するのではなく、それを超えた世界を自覚しつつ、自己の存在意味を「自由と愛」を通して見いだす個人である。世界をこのように自覚すること、それは民族の精神や価値の否定でもなく、また国家の文化価値と社会性を否定することでもない。むしろそれらの文化価値を世界における普遍的な価値からの解釈と意味づけによって世界に示すことである。

世界の文化価値は多様である。そして多様性こそ文明の維持と発展に欠かせない要因なのである。

個人の属している国家の固有の文化価値理念と、「世界の市民」としての価値観に対立があったらどうするのか。こういった矛盾にはしばしば出会うであろう。それを解決するのが普遍の精神「自由と愛」でなければならない。そうしてその普遍から特殊を解釈していくときの解釈の基盤となるのが、その個人のうちに蓄積された教養である。

教養とは、文化を含む文明の歴史が個人において人格化されたその都度の達成であって、豊かな精神性を基礎づける方向へと自己形成を導くものである。そこから深い専門性が生まれるのである。教養こそ「自由と愛」の精神の具体化において力となるものである。それは真なるものへの接近の姿勢を養い、善なるものへの共感を強め、そして美の感覚を拡大するのである。美の感覚が真・善・美の統合として現れるとき、それはまたアートとして現実化するのである。

《アンデレクロスの八章、第一章現代文明と教養》はこれらに関連することを、ゲーテの『若きウェルテルの悩み』を引きながら語っている。

世界について、世界の有りよう、その現代から未来における世界の諸問題、それに向かっていく平和の探究、人間の尊厳、人々の間の絆、そして自然的世界の環境の持続性が考察されなければならない。

第二節 世界の有りようとしての文明と「世界の市民」

(一) 文明 —— 社会の有りよう、あるいは姿としての文明 ——

世界とは何か、世界をどう捉えるのか。それを抜きにしては「世界の市民」の像を描くことができない。ここでわれわれは世界を文明という視点から捉えていくことにしよう。

文明とは人々の社会生活の様式であり、そしてそれと連動する社会の有りようである。社会生活の様式は「人間の技」に基づいており、社会の諸様式となって現れる。言い換えると文明は、生活の仕方と形、生活が営まれる社会の諸機能のシステム、そしてそれらが織りなす社会の姿である。これにたいして共同体における共有された価値観とその現れが文化である。

日本を含めて、いま世界は近代科学技術によって開かれた文明の中にある。そうしてなお、日本には日本固有の文化があり、また関西には関西の文化さらには南大阪の地域の文化がある。あるいは桃山学院大学の文化というように、組織の文化がある。

地域社会を含む共同体、そしてそこに立脚する大学と「世界の市民」の関係はどのようなものか。それについて論じたのが《アンデレクロスの八章、第二章地域社会と世界市民のために》である。

文化は価値観に立脚するものであり、歴史によって培われた価値を保っており、それ自身の根源的意味を背負っている。文化は主体的解釈が可能であるが、そこに客観的普遍性を求めることはできない。それにたいして文明は、生活の形式に関する人為的な有りようのことを言い、誰にでも開かれた一般性をもつ[3]。

文明に関する私の定義を挙げておく。

「文明は、文化を内に含んだ生活の合理的形式として理解される。文化は合理性以前のものであり、その意味で文明は非合理な文化をも内包して外形式としては生活合理性ともいうべき様式を表すものである」[4]。

ひとつの文明の中に多様な価値観としての文化が息づいていることを理解しておきたい。

近代以降、現代に至る世界は、基本的には近代科学技術によって開かれた文明の中にあるのだが、その中でも科学技術とその社会化が飛躍的に進んで画期をなすことが経験される。それによって現れる生活様式や社会の姿としての文明の現れを文明の相貌と呼んでおこう。これに対して、文明の根本にある骨格にまで及ぶ変革を文明の転換と呼ぶ。これに関しては《アンデレクロスの八章、第三章文明の変貌と転換》で語られている。

（二）文明と商行為（Commerce）

文明の生成の基礎をなす活動をホワイトヘッド（AI, Chap.5.）は商行為（Commerce）[5]に見る。「商行為」は社会内部での、そして社会と社会の間での、商品の交換とそのための生産、通貨の管理などを含み、物質的だけでなく、精神的領域にも拡大された広い意味をもつ。その基礎にあるのは「相互説得（mutual persuasion）」（AI, p.70; 邦訳九六頁）である。そして文明が繁栄するためには「冒険的に展開される商行為」（AI, p.77: 邦訳一〇四頁）が本質的なのだということがホワイトヘッドの見方である。

ホワイトヘッドをさらに発展的に解釈していこう。

現代の商行為には、ホワイトヘッドの時代には無かった情報性商品など、多様な商行為が含まれてくる。そこには人間と世界のあらゆる文明の事象が凝縮されている。ある商品の価値に対する相互の信頼性とその共有、商品の交流に伴って生ずる生活の合理化、それらを通して現れる倫理観と美的情感の拡大された感覚、あるいは文化への影響等々。

商行為が成立する基礎にあるのは説得である。商行為は双方が「受け容れる」ことによって成立する。説得とは受け容れることである。

説得は真・善・美によって支えられるのである。いまそこで生起する商行為に関して、相互に偽りはなく、その「やりとり」に関わる商品は適正なるものであり、価値観に関して美のレベルが現れてくるものでなければならない。すなわちアートが創造されるのである。ここには力の関係を抜け出す公正さがある。

文明と説得に関するホワイトヘッドのコメントを引用しておこう。

「文明とは、より気高い選択肢を体現するものとしてのそれ自身に内属する説得性によって、社会秩序を維持することである。力に頼ることは…文明の破綻を露呈することである。」（AI, p.83: 邦訳一一二頁）

キーワードは「説得性」である。商行為が物質的のみならず精神的にも意味づけられているという前述の注意を思い出そう。説得性は「互いに受容し、受容されること」なのだという理解もまたここに生かされている。

力ではなく、皆に受け容れられる説得によって共に平和への道に進むこと、そしてなおその上に冒険的商行為への魂を養うこと、これが「世界の市民」に求められる資質である。

（三）企業文明

近代文明においては、商行為は企業活動へと制度化されていくのである。産業革命以降の近代文明の大きな流れのなかで、科学技術によって文明社会の骨格が造られ、企業という協働システムによって、商行為としての生産と流通が提供された。

二〇世紀の冒頭においてヴェブレンは、企業の活動を文明ということばを使って捉えている。「近代文明の物質的外枠（framework）は産業体制（industrial system）であり、この外枠に生気をあたえる指導力は営利企業である」[6]

二〇世紀には、テイラーの科学的管理の提唱を契機として、生産、販売、労務、財務などの管理システムが整えられ、それらを統合する経営管理が、企業活動の経営を推進することになっていく。企業活動が提供する製品と仕事の場（雇用）および社会的貢献は、社会生活の新しい様式となり、新しい文明の有りようを提示するようになる。このあたりのことは《アンデレクロスの八章、第三章文明の変貌と転換》にも述べられているところである。

二〇世紀の文明は企業の活動によって具現されてきたという意味で、それを企業文明と呼ぶことができるであろう。[7]

企業文明の世紀は管理ということを見いだしたのである。そこにはしかし新しい人間の抑圧が胚胎されることになった。作業のスピードが機械によって決められ、機械のリズムに人間が合わせなければならない状況が批判された。たとえばチャップリンの映画『モダン・タイムス』はよく知られている。

二〇世紀の後半には、公害が著しい社会問題となり、自然環境の問題が大きく意識されるようになったのであるが、これについては次節で取り上げる。

戦争も経験した。二〇世紀は戦争の世紀とも呼ばれる。二度にわたる世界戦争を経験し、それに続いて各地での戦争があったし、いまもなお彼方此方で戦争の緊張が続いている。

戦争を超えてそれを封印し、抑圧から人間を解放する、これが二〇世紀の文明の課題であった。そうしてそこに、危険の管理というもう一つの課題が意識されるようになったのである。自然災害、予期せぬ人為的な災害を含む、日常の姿に隠ぺいされた危険がある。

戦争の回避、災害からの安全性の確保、危険の管理、そして安全安心の生活、これらを、総称して平和の探究と考えられるであろう。そしてさらに、人間の自由の解放が目指されねばならない。まさに自由と愛の探究である。

平和の探究は「世界の市民」へと向かうのであるが、それは決して静かな安全安心が理想の境地として得られる場所ではないことをあらかじめ知っておきたい。それは冒険の場なのである。

(四)　文明の頽落と「世界の市民」

文明は、その持続と発展に努めなければ必ず頽廃し没落する。そのためには、文明に対する批判が必要である。批判があって、それを超克する力が得られる。

ホワイトヘッド（SMW, p.17, p.51: 邦訳二三～二四頁、六七頁）は唯物論の哲学を批判して、自らの「有機体の哲学」を立てる。近代自然科学もまた科学的唯物論であって、その有りようが、具体性を置き違える誤謬に陥っているとして批判される。これは近代文明が立脚する根本のものに対する批判である。

ここで進化論がわれわれの関心を引くことになる。進化論において、唯物論の哲学と有機体の哲学が明瞭に対比されるであろうこと、そしてまた一九世紀から二〇世紀にかけての文明論的相貌に進化論が深く影響を与えているであろうからである。

唯物論的観点からは進化論は「生存闘争」に重点を置かれたのであるが、ホワイトヘッド（SMW, pp.205-206: 邦訳二七四～二七六頁）はここを取り上げて批判する。(8)

そこに浮かび上がって来るのが〈憎悪のゴスペル〉である。

ホワイトヘッドによると、「一九世紀の合言葉は生存闘争、競争、階級闘争、国家間の通商的敵対関係、軍事戦争であった。生存闘争は憎悪のゴスペルと解釈されてきた」（SMW, p.205; 邦訳二七四頁）のであるが、それは唯物論の前提に立っていることから来るのである。すなわち「唯物論の哲学では、物質の与えられた量に力点が置かれるのであるが、そこから導き出されることとして、環境の性質も与えられたものとしてあるということが強調されることになる」（SMW, p.205; 邦訳二七四頁）。その固定された環境の中での生存闘争と捉えられているのである。そこでは生存闘争が憎悪のゴスペルと解されるのは、このような状況による。

それに対して有機体は環境と対立するのではなくて、融和できるように環境に働きかけるのだと考えるのが有機体の哲学である。すなわち、環境に対してそれを緩和して、互いに助け合い、友好的な関係にしていくのだと考えられる（SMW, p.205; 邦訳二七四頁）。これがホワイトヘッドの哲学における有機体と環境に対する基本的要請である。

有機体の視点から、〈力（Force）のゴスペル〉と〈斉一性（Uniformity）のゴスペル〉にも批判が向けられる。

敵対関係にあることはすでに力のゴスペルである。「有機体は、ある場合には激しい変化から身を守るために、またある場合には必要なものを獲得するために、友好関係にある環境が必要」なのであり、人々の協働を閉ざして敵対的な関係へと進む力のゴスペルは、「社会生活と両立しない」（SMW, p.206; 邦訳二七六頁）。

斉一性のゴスペルは頽落への道である。ホワイトヘッド（SMW, pp.206-207; 邦訳二七六頁）によれば、国家の違いや民族間の習慣・文化の相違は、文明の発展のために無くてはならないものである。「習慣の異なる他の国々は敵ではなくて神のたまものである。」（Ibid.）

環境の多様性こそ、その有機体にとっても、また文明社会の全体にとっても望ましいのである。斉一性のゴスペルの下では観念の冒険の不在をもたらすような状況を生む。多様な環境に「さすらうこと（wandering）」は不安定であり、危険でもあるが、それを止めて安易につくと、「そこで存在の階梯を昇ることも止むであろう」（SMW, p.207; 邦訳二七六頁）とホワイトヘッドは警告するのである。「偉大な時代は概して不安定な時代であったのである」（SMW, p.207; 邦訳二七七頁）。

「さすらい」はまた若者の自己形成において重要である。そして《アンデレクロスの八章、第六章「自由」と「愛」と「家庭」》において言及された「システム不完全性の原理」とも関わっている。

これら文明を阻害するもの達は、決して一九～二〇世紀の世界だけに留まるものではない。これら、憎悪と暴力、そして斉一性への運動は、二一世紀においてもますます横暴になる傾向を示している。「世界の市民」はこれら負のゴスペルに抗して世界に立たなければならない。これを企業文明における「世界の市民」の観点から見るとどのようになるであろうか。以下に祖述する。

（五）企業文明と「世界の市民」

企業文明ということは、世界の姿が「企業」という商行為によって染め上げられていることを意味している。企業文明の世界においては、社会の諸活動が何らかの意味で企業に結びつき、それら諸活動の目的の如何にかかわらず、活動の形式が企業に依存し、あるいは企業に支配された状態にある。人々の多くはこの企業活動を通して自らの「世界の市民」の実現を志す。それは、組織体としての企業を、文明の頽落から救い出すための担い手として位置づけ、実践していくことである。

憎悪のゴスペル、力のゴスペル、斉一性のゴスペルについて、それらの克服への企業活動と「世界の市民」について考えていこう。

第一に憎悪のゴスペルは、これを封印しなければならない。そしてそれを、企業活動における「美」の探究に置き換える方向で進まねばならない。

ホワイトヘッドは「経済人の美」について次のように述べている。「経済人の美とは、彼が何を追い求めているかをわれわれが正確に知っているということであった。（中略）不足があればいつでも、だれもが何が不足しているかを知っており、消費者を満足させる方法を知っていた。需要とはこういうものだった。」（AI, p.94; 邦訳一二六頁）

市場が自由競争によって活性化しているところには「経済人の美」があるのだが、それにはいくつかの前提がある。まず、「消費者の満足」に向き合うことが経済人の美の前提である。そうしてそのことを「われわれが正確に知っている」ことでなければならない。すなわち、ここで言われる美とは、その商行為の直接の参加者である経済人と消費者、そしてそれを取り巻く「われわれ」が相互に受け容れられていることが基本的要件となっている。このことは商行為における「説得」として語られた（本節（二））ことである。

これを、経済人を企業に置き換えて次のように一般化できる。企業活動において美は、その活動に関連する人々の満足があって、社会がそれを理解し、そして自然にも受け容れられていることが基本要件となるものである。[9]

しかし人間の浅はかな心裡には、思いがけず、あるいは歪んだ意図をもって、利益至上主義に毒されることが起こりがちである。ここには説得もなければ、もちろん美もない。

「美は、経験の契機におけるいくつかの要因の相互適応である。」（AI, p.252; 邦訳三四七頁）これがホワイトヘッドによる最も一般的な美の定義である。適応（adaptation）という言い方の中に目的（an end）が含まれていることをホワイトヘッド自身が注意している（AI, p.252; 邦訳三四七頁）。

美は、目的と行動に整合性があること、そしてそれを「世界の市民」としてのわれわれが共感できるところに形造られるのである。このことは《アンデレクロスの八章、第三章文明の変貌と転換》において教育に関連して語られている。

逆に、このような美に欠けるところには、憎悪の感情が芽生える。生活者の満足に基礎を置かない利益至上主義は、帝国主義の心情と同型であり、憎悪を生みだす。そこには「愛」もなければ「自由」もない。

第二に力のゴスペルの排除である。あらゆる協働の内も外も、敵対関係を排除して友好関係を築かなければならない。これを果たす一つの方向が「管理」ということであった。

力による解決は戦争に直結している。すでに論じたように、戦争の回避と平和への努力は、二〇世紀文明における最大の課題であったし、それを「管理」という努力の中に見いだそうと努めてきた歴史でもあったのである。暴力は「愛」の否定であり、「世界の市民」から最も遠いものであり、決して相容れないものである。

管理の目指すことは相互に受容できる道を実現することである。あるいは次のようにも表現できよう。すなわち、企業の商行為において、相互に受容可能な新たなる選択肢を創造して、相互説得性を育てることである。相互説得性こそ、力のゴスペルを排除する高貴な選択肢そのものである。

第三に斉一性のゴスペルの克服である。

敵対する関係を友好関係に移行させる高貴な選択は、斉一性のゴスペルの克服にも繋がる道である。その道は、自由な商行為によってのみ達成可能である。企業活動における自由が、開かれたものとして社会において受け容れられていなければならない。

ただひとつの価値観しか容認しない斉一性のゴスペルもわれわれは経験してきた。二〇世紀においては、それは全体主義と呼ばれるものとして現れたのである。これは個の価値の否定であり、多様性の否定である。価値観の多様性、文化の多様性こそ尊重されるべきである。単一の価値観への統合は自由の逸脱であり、文明の衰滅の方向である。

企業文明において語られねばならないもう一つの問題は経済成長至上主義に陥ることの危険性である。

もしも企業が、あるいはその社会全体が、経済成長至上主義に傾くとすれば、それは斉一性への傾斜であり、「経済人の美」は成立しがたく、多様性の排除と憎悪の拡大にも繋がる恐れがある。

グローバルには様々な文化価値理念がある。経済のグローバル化は、これらの諸文化価値理念を超えて拡大していく。他方で企業にはそれぞれに独自の文化があり、それらが対立・競合・受容を繰り返す。この状況を私は文化多元性と呼んで、現代経営学の課題であることを指摘しておいた⑽。

文化多元世界の中での企業活動は環境適応の問題とも考えられる。文化多元性という環境に働きかけて、それとの相互作用の下での美の具体化を目指して、目的の設定とともに判断され、実現されなければならない。期待もあるが、困難も多いであろう。

このような文化多元世界に立って企業活動の美を求めて「さすらい」、それを自己生成へと振り向けることが、企業文明の世界に立つ一つの仕方であろう。

企業文明において、組織体の一員として「世界の市民」として立つもう一つの可能性が、企業に対する批判精神を養う対抗軸を立てることである。それが期待されるのが非営利組織活動である⑾。期待もあるが、困難も予想される。

安易に安んずるの道は文明の停滞に通じる。そうではなく、期待もあるが困難も予想される道を「さすらう」ことこそ冒険的な行為である。

企業文明の世界で、「世界の市民」として立つべき場所は、以上に概説してきた場所に求められるのではなかろうか。それは「期待もあるが、困難も予想される。それゆえ……」という逆説的表現によって示される場所である。すでに述べておいた（本節（三）の末尾）「静かな安全安心が理想の境地として得られることではない」ということと呼応する。

第三節　自然的世界と人間の尊厳――「世界の市民」の立つべきもう一つの場所――

近代文明の根底を支える科学技術は、二〇世紀の後半に入ると、それがもたらす地球環境への負の影響が明らかになってきた。

人為をもって自然を超えようとするべきではない。そもそも人為が自然を超えることはできないのであり、超えようと思い、それを予想することは人間の傲慢である。

しかし企業文明はともすればその方向への逸脱の懸念を抱かせる。

自然を、人間に対する優しさと偉大さによって捉えているのがホワイトヘッドである。ホワイトヘッドは「自然と、人間（Nature *and* Man）」という二分法で捉えるべきではなく、人間は「自然の中（*in* Nature）」において生成される要因と捉えるべきだとする（AI, p.78; 邦訳一〇五頁）。「自然と人間」という二分法には、人間を自然と対等のものと見る意識が含まれている。あるいは、人間は自然を与えられた恩寵として享受し、浪費してもよい、と見る見方に傾斜することを止められない。

そうではなくて、人間は自然の中において、自然に包摂されているのだという含意を汲み取れば、自然の大きな過程が人間を生み出したのだと捉えることも可能になる。人間は自然によって育まれ、その大きな流れの中で造られていく。

さらにまた、自然には自然の究極の目的があるのだとホワイトヘッドは言う。

「自然は理想の究極目標（ideal ends）を宿すのであり、そしてその究極目標を意識的に明確化できる人間を生み出すのである。」（AI, p.86; 邦訳一一六頁）

そのような力、すなわち自然の究極目標を意識できる人間存在を生み出した自然の力、に対する畏敬の念が、自ずと現れるのである。そしてそこからまた人間の尊厳への自覚が芽生えるのである。人間の尊厳の自覚は人間相互の絆（bond）をもたらす（Ibid.）。

しかし、自然環境の劣化は依然として止まらないし、戦争やテロは頻発している。人間の尊厳は無視され、絆は見失われている。この状態は文明の危機である。

ここにわれわれは地球の子としての自覚をもって立たねばならない新しい世界を見るのである。「世界の市民」はかくて自然の世界へとその意味を拡大するのである。

おわりに

「自由と愛」に根ざして「世界の市民」を養成する、という桃山学院大学の教育理念について見てきた。その見方の枠組みに据えたのはホワイトヘッドの哲学であった。特に、その文明論の哲学に負っている。

われわれは現代文明の姿を捉え、そこにおける「世界」の意味を考えようとしてきた。「世界」は企業文明という姿においてあること、そうして企業文明の頽廃という姿で現れる世界に立つ「世界の市民」について論じてきた。そしてさらに、人為的な世界の包括的養育者としての自然という世界があることを見て、世界をそこまで拡大していく展望を語った。それらの根底には、平和と愛があることが示唆された。

「自由」であるためには、独立し、自ら立たなければならない。「愛」は独立した個人の間を結び、精神的な平安を共有することである。

「自由と愛」に根ざす「世界の市民」の養成という教育の理念は、かくて深くわれわれの共有するところとなるであろう。

教育の問題はつねに新しい。これもホワイトヘッドの言である（《アンデレクロスの八章、第三章文明の変貌と転換》）。時代に即応した専門教育は必要である。しかし、専門教育に過度に特化していると、「軌道にはまった精神（minds in a groove）」（SMW, p.197; 邦訳二六三頁）を生み出すだけになってしまう。それは文明の頽落に繋がる、とホワイトヘッドは警告する。それに立ち向かうのは、全体感あるいは美への感受性の養成であり、自らがアートの創造の主体となりうる直観力と冒険心の涵養である。教養教育はそれを目指すものである。

軌道に乗せられた人間は、多様性とは無関係に進むことができる。だが、軌道から離れたときに人間は、多様に変化する中をさすらうことになるだろう。そこを乗り越える力が教養なのである。

そして文明の頽落を防ぐには、「さすらい」ということが実は大切なのだと言われるのである。それが観念の冒険として新たな文明の創造へと向かう契機となるのである。

「さすらい」の中から得られるものは、ひとつには人格の形成である。これはまたゲーテの描いたヴィルヘルム・マイスターの遍歴と自己形成の思想にも表れていたものである。そして第二に、新しい文明の要因の創造である。そうしてまた、教育の原点にあるものが「愛」なのである。《アンデレクロスの八章、第六章「自由」と「愛」と「家庭」（トーマス・マン）》ではこのことが強調されている。

大学教育においては、それぞれの大学が教育理念をもって、自由な精神によって教育を推進していく。教育は、常にその時代の文明と関わりながら推進されていく。その中において、教育理念もまたその時代の文明に合わせて解釈され、その意味を一層普遍的に理解しつつ、教育の実践が進められなければならない。

言うまでもなく、教育理念の不断の解釈に基づく時代に即応した教育は、これまでの積み重ねである深い学的教養と、新しい学問研究に支えられなければならない。生きることと学ぶことの、不可分な一体性が、大学の存在を支えるのである。これはまた《アンデレクロスの八章、第七章「生きられる学問」のために》で強調されたように、「生きられる学問」と呼ばれるであろう。

かくて桃山学院大学は、それ自体が自由と愛の精神に依って、「世界の市民」の理念に向かって立つのである。

ここに示したのは桃山学院大学の教育理念における普遍性と、なおわれわれの時代におけるその意味するものの姿である。

注

（1）ホワイトヘッドからの引用は、国際的な慣用に従って、*Science and the Modern World*, 1925. をSMW、*Adventures of Ideas*, 1933. をAIと略記し、頁数などを入れて引用文の直後などの本文中に示す。

（2）その研究の一端は小笠原英司教授主宰の「現代経営哲学研究会」で報告し検討する機会をいただいた（二〇一五年四月二五日、明治大学）。報告表題：村田晴夫「企業文明と経営哲学の課題──ホワイトヘッド哲学の視座から──」。またその研究会に来ていただいた佐藤慶幸教授からもご意見を頂いた。それらは本論考において生かされている。記して感謝したい。

（3）司馬遼太郎は、文明を「だれでも参加できる」と説明している。司馬遼太郎「司馬遼太郎が語る日本──裸眼で見る『文明と文化』」（『週刊朝日』一九九七年一月三一日号）。また以下の文献を参照されたい。村田晴夫「経営哲学の構想──経営管理論の新しい展開のための序説──」（『桃山学院大学経済経営論集』第三八巻第四号、一九九七年三月）。

（4）村田晴夫「文明と経営（一）──ホワイトヘッドの文明論における『平安Peace』の概念について──」（『桃山学院大学総合研究所紀要』第二三巻第二号、一九九七年）、文章一部変更。

（5）Commerceの訳として、山本誠作・菱木政晴訳では「商業」とされている。市井三郎は「通商」を用いている。いずれの含意も超えるものが原語に含まれているので、ここでは「商行為」とした。

（6）Thorstein Veblen, *The Theory of Business Enterprise*, 1904. New York: Cosimo, Inc. 2005, p.7. 小原敬士訳『企業の理論』勁草書

房、五頁。

(7) 村田晴夫「人間・社会・自然における企業の地位――事業の目的と使命――」(日本経営学会編『社会と企業：いま企業に何が問われているか』〈経営学論集第八〇集〉千倉書房、二〇一〇年、一〇五～一一六頁所収)。

(8) 市井三郎はここを整理して平和論の方向へと展開している。市井三郎『ホワイトヘッドの哲学』レグルス文庫、第三文明社、一九八〇年。同書、付論「戦争と平和をめぐる思想」。その優れた整理にわれわれも負うところが多い。なお「斉一性」(のゴスペル)の訳語は市井に従っている。

(9) 「階層的相互性」がここに適合する。村田晴夫「バーナード理論と有機体の論理」(経営学史学会年報［第二輯］『経営学の巨人』文眞堂、一九九五年、四〇～六七頁所収)。

(10) 前掲、村田晴夫「バーナード理論と有機体の論理」。

(11) 村田晴夫「非営利組織の組織原理について――文明と経営(二)――」(『桃山学院大学総合研究所紀要』第二三巻第三号、一九九八年、一三七～一四四頁所収)。

参考文献

Veblen, T., *The Theory of Business Enterprise*, 1904. New York: Cosimo, Inc. 2005.(小原敬士訳『企業の理論』勁草書房、一九六五年)

Whitehead, A. N. *Science and the Modern World*, 1925. New York: Free Press, 1967.(SMW と略記)(上田泰治・村上至孝訳『科学と近代世界』松籟社、一九八一年)

Whitehead, A. N., *Adventures of Ideas*, Macmillan, 1933. New York: Free Press, 1967.(AIと略記)(山本誠作、菱木政晴訳『観念の冒険』松籟社、一九八二年)

市井三郎『ホワイトヘッドの哲学』レグルス文庫、第三文明社、一九八〇年。

司馬遼太郎「司馬遼太郎が語る日本――裸眼で見る『文明と文化』」(『週刊朝日』一九九七年一月三一日号)。

村田晴夫「バーナード理論と有機体の論理」(経営学史学会年報［第二輯］『経営学の巨人』文眞堂、一九九五年、四〇～六七頁所収)。

――「経営哲学の構想――経営管理理論の新しい展開のための序説――」(『桃山学院大学経済経営論集』第三八巻第四号、一九九七年三月、九九～一一九頁所収)。

――「文明と経営（一）――ホワイトヘッドの文明論における『平安Peace』の概念について――」（『桃山学院大学総合研究所紀要』第二三巻第二号、一九九七年一二月、六七～七六頁所収）。

――「非営利組織の組織原理について――文明と経営（二）――」（『桃山学院大学総合研究所紀要』第二三巻第三号、一九九八年三月、一三七～一四四頁所収）。

――「人間・社会・自然における企業の地位――事業の目的と使命――」（日本経営学会編『社会と企業：いま企業に何が問われているか』〔経営学論集第八〇集〕千倉書房、二〇一〇年、一〇五～一一六頁所収）。

第三章

建学の精神から文明の精神へ

津田　直則

第一節　建学の精神・地域再生構想・実践

はじめに

桃山学院大学の建学の精神はキリスト教精神であり「自由と愛の精神」として学院創設以来、理解されてきた。また、キリスト教精神に基づく教育理念としては、「世界の市民」が人材育成の基礎に据えられてきた。私はキリスト教徒ではないが、神を信じる者としてこの建学の精神と教育の理念を教育の中に生かすために、南大阪地域再生構想を考え出し、定年退職前の一〇年間余り（二〇〇四～一四）を、地域貢献活動と国際貢献活動の形で学生と共にボランティアで汗を流してきた。

ところが建学の精神に基づく実践活動の最終段階（定年前）で、この自由と愛の精神が私の研究テーマである経済体制論に、文明の精神という形でつながっていることにふと気がついた。地域社会から世界に至るまでが地獄化しつつある現代社会の危機の分析や、正義を回復させる社会変革の分析には、自由と愛の哲学的分析が必要不可欠であることに気がついたのであった。また荒削りではあるがこの哲学的分析から新たな経済体制論を生み出すことができた。以下では、自由と愛の精神を、建学の精神から文明の精神へという形で展開し、私が退職直前に到達した経済体制論をここで述べることにしたい。

（一）建学の精神と南大阪再生構想をつなぐ

大学全面移転の課題

大学は一九九五年に、手狭になった堺市のキャンパスからから和泉市への全面移転を果たしたが、一般的に大学の移転は大阪府北部をめざす場合が多く、開発が遅れていた南部に向かうことには反対した教職員も多かった。それだけに地域社会に根付くには時間がかかった。泉州と呼ばれる和泉市は、弥生時代の遺跡や熊野古道など歴史は古く自然も豊かであったが、戦前から栄えていた地場産業としての繊維産業その他の軽工業はすでに衰退し、バブル崩壊で先端企業の誘致も危うく、いかにして地域社会を再生させるかは大きな課題であった。したがって、移転してきた大学にとっても、地元自治体や市民団体とのつながりを深め、大学が地域文化等にどのような形で貢献するかは重要な課題であった。

建学の精神と南大阪再生構想

以上のような背景の元で、二〇〇二年頃から南大阪に位置する大学として地域社会に貢献するための南大阪地域再生構想を私は考えていた。当時検討していた地域再生構想の内容は、理念、構想、実践の三つの部分に分けることができる。理念としては、建学の精神と地域再生構想の理念をいかにつなぐかが課題であった。二〇〇四年に考えついた方法は、大学の紀要に掲載した拙稿「非営利価値と大学の役割」で述べている。(1) この論文は、当時の村田晴夫学長が大学の将来構想の中で述べていた「実学と精神」「地域社会との連携」「世界の市民の育成」「国際化」などの考え方を意識して作成したものである。建学の精神と私が当時考え出した「非営利価値」の概念をつなぐ形で地域再生の理念を形成した。

もう少しわかりやすく説明しよう。拙稿が意図したのは、南大阪に残された自然や歴史などの地域資源を活用し、非営利の活動によって地域再生を図ろうという構想であった。当時、ＮＰＯや協同組合などの非営利組織を研究していたことから考え出した「非営利価値」という用語を使い、南大阪地域再生構想の理念論を組み立てたが、建学の精神である自由と愛という価値を「究極の非営利価値」として位置づける方法によって、地域再生の理念と建学の精神を結びつけることを思いついた。表1と表2はその一覧表である。

非営利価値の具体例としては、表1の個人、企業・組織、地域に関係した諸々の非営利価値があげられる。企業・組織価値では、営利企業でも非営利価値が関係する場合がある。表中の共益価値であげている労働組合が追求する「人間的労働」その他や、公益価値であげている企業のＣＳＲに関係した公開・コンプライアンス等の価値がそうである。また非営利組織の価値では、協同組合が重視する安全、安心・信頼その他の価値がある。またＮＰＯの価値としては、貢献、協力、援助などミッションに関係する価値がある。

表1は非営利価値の個人―組織―地域への広がりを示しているが、非営利価値は深さも持っている。究極の価値から系統的に派生する非営利価値を導き出す場合がそれである。愛から正義をそして正義から思いやり、救済、公正、公平など倫理や組織原則に属する価値を引き出していく方法がこれにあたる。表2は建学の精神であるキリスト教精神の自由と愛という価値から派生する種々の大学構成員にとっての非営利価値について考えている。ここでの非

営利価値は、公益、倫理、究極の人間性などに関係した深さを持っている。

「自由」は人間にとっての究極の価値の一つであり人間が自立するための基礎的条件である。これを基礎として真の生きがい、働きがい、自己実現などの価値が生まれる。大学の構成員である教職員や学生はこのいきがい、働きがい、自己実現を果たすために教育や研究や人生の目標決定を行う。

表１　非営利価値の広がり

個人価値		自由、快適、楽しい
		いこい、やすらぎ、ゆとり、いきがい、自己実現
		愛、思いやり、配慮、協力、援助、救済
企業・組織価値	共益価値	雇用の安定、人間的労働、働きがい
		公正な労使関係、公平分配、民主主義
		安全、安心、協力、信頼、公開、向上
	公益価値	貢献、協力、連帯、援助、救済
		公開、コンプライアンス、社会的責任
地域価値		安全、安心、信頼
		快適、便利、楽しい
		美しい、すがすがしい、いこい、安らぎ、ゆとり
		協力、連帯、援助、救済、共生

（出所：津田直則［2004］103頁）

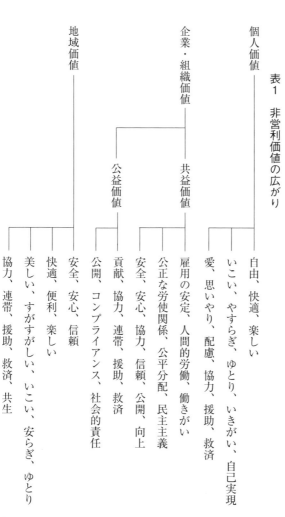

表2 キリスト教精神と非営利価値

（キリスト教精神）	（実現すべき非営利価値）	（適用領域・プログラム）
自由	生きがい・働きがい・自己実現	教育、研究、人生の目標決定
愛 ―― 正義	誠実・思いやり・寛容	人間性教育
	救済・援助・協力	ボランティア活動、地域連携
	公正	人権教育理念、セクハラ防止宣言
	公平	経営原則、組織原則
	民主主義	学生・教職員の自治

（出所：津田直則［2004］120頁）

もう一方の「愛」も人間にとっての究極の価値である。これから正義が生じる。正義はあらゆる徳の原点であり、誠実・思いやり・寛容、救済・援助・協力、公正、公平、民主主義などの価値を生み出す。これらの価値はモラル、社会への貢献、社会的責任、組織倫理、組織原則、組織原理などの領域に関係している。[2]

世界の市民の養成

桃山学院における「世界の市民の養成」は建学の精神から生まれた教育理念である。建学の精神である自由と愛及び上で述べた非営利価値の概念を利用することにより、「世界の市民」の養成は次のように表現できる。

世界の市民の養成は、自由と愛の双方に結びついている。自由については、世界の市民の養成とは、自ら決めた目標に向かって地域社会や世界で生きること、働くこと、を生きがいや自己実現としてめざす人間の養成という内容になる。

また愛については、「世界の市民」の養成とは、誠実・思いやり・寛容のある人間を育成し、救済・援助・協力の世界で、奉仕によって地域社会や世界で貢献する人間の養成という内容になる。

したがって、これら自由と愛の双方によって生まれる世界の市民の養成は次のように表現できる。それは、「誠実・思いやり・寛容などのモラルを備え、救済・援助・協力などによって地域社会や世界で活躍することを自己実現としてめざす人間の養成」である。このように、非営利価値を介して建学の精神を表現することにより、世界の市民の養成はより具体的で価値的な表現が可能になる。

「世界の市民」養成プロジェクト

南大阪地域再生構想に取り組む世界の市民の理念は以上のようにして作成したが、拙稿ではそれに続いて、いかにして世界の市民としての学生を養成するかという「世界の市民」養成プロジェクトについて述べている。これは以下にみるように、大学内の経営資源と結びつけて考えている。大学内の経営資源とは、ボランティア担当組織であるキリスト教センター、国際交流担当の国際センター、地域連携プロジェクトに関わる総合研究所、世界市民科目担当の教務委員会などである。現在では、学長室や学生課ボランティア支援室などもこれに加わる。これらの組織が連携して横につながることによって世界の市民の養成プロジェクトが有効に機能する。

南大阪再生構想

以上で南大阪再生構想（以下構想と略称）に関わる理念の部分を説明してきた。以下では構想の内容に移ろう。この構想は五つの方法論から成り立っている。第一は、すでに説明した非営利価値の重視、第二は地域資源の有効利用、第三は市民参加の重視、第四は学生ボランティアを育てるための「人間力向上プログラム」、第五は非営利組織の連帯による非営利セクターの拡大である。最後の第五は、地域社会の問題であると共に全国的な問題として意識している。以下ではこれらの方法論を組み込みながら構想の内容と活動経過を説明しよう[3]。

第一の非営利価値についてはすでに話したので、第二の地域資源の有効利用について説明する。ここで地域資源とは、和泉山脈の自然、農業、歴史・文化、情報、大学、自治体、市民団体、国際空港などを指すが、これらを組み合わせて地域づくりを行うことをいう。二〇〇四年より一〇年にわたり学生と続けてきた和泉山脈周辺での里山活動や街づくりボランティア活動（ジャズストリート支援、祭りの支援、市民主体の街づくり学会支援など）はこれにあたる。最初は研究者を中心に学生を加えた共同研究プロジェクトとして出発し、軌道に乗った時点で大学全体のプログラムに格上げするという手法をとって構想と大学をつないだ。里山活動は、泉佐野市里山での千本桜の植樹、和泉市父鬼での人工林の間伐、大学近くの松尾寺公園での竹林の間伐や公園整備などであったが、一二年からは大阪府の要請により建設中止になった槇尾川ダム周辺での森づくりに参加している。

実現しなかった案としては、和泉山脈の尾根を走る近畿自然歩道が一三〇〇年の歴史をもつ修験道の道が元になっていることに目をつけ、これを完成させれば、大和と堺をつなぐ竹ノ内街道（一四〇〇年）や和歌山の熊野古道（一〇〇〇年）などの歴史街道とつながり、全国からウォーキングの愛好家を集めることができると、府県や自治体に運動してきたことがある。大阪府や和歌山県の財政が原因で運動は実を結ばなかったが、一〇年を経て最近の案づくりには役立っている[4]。

（二）　建学の精神と国際貢献・社会貢献基金をつなぐ

国際貢献活動

国際貢献活動も検討課題であった。大学の国際貢献活動には二〇〇四年当時、インドネシア・ワークキャンプがあった。キリスト教とつながっていたバリ島のある村で井戸掘り等をするボランティア活動であった。ワークキャンプは成果を上げていたが、私は世界の市民養成には更なる拡大が必要だと考え、砂漠での植林の案を国際センターに提案した。当時の国際センター長であった故・坂昌樹教授がこれを実現に導いてくれた。彼は日本に黄砂をもたらす内モンゴルのホルチン砂漠で緑化活動を行っていた東京のＮＰＯ法人と提携し、大学の国際貢献活動に含める役割を果たしてくださった。このプログラムは内モンゴル緑化プログラムとして〇六年から毎年行われるようになり私も四回参加したが、現地で学生たちは、トウモロコシ輸入を通じて日本は砂漠拡大の加害者でもある等の学習をする。

さらにキリスト教センター長であった伊藤高章教授のおかげで、大学の国際貢献プログラムにはインドのマザーテレサ施設でのボランティア活動も加わることになった。〇四年に彼がボランティアサークルの学生を連れてマザーテレサ施設に行くことを知り、私は同行をお願いし参加したが、コルカタの町を埋め尽くすホームレスや死を間近に控えている人たちの介護など、カルチャーショックは受けるが貴重な体験ができると知り、伊藤教授に大学のプログラムに入れるようにお願いした。バリ島でのワークキャンプを含め、砂漠の緑化プログラムもマザーテレサ施設プログラムも、過酷なボランティア活動ではあるが人気があるプログラムになっていった。その後、オーストラリアでの障害者体験交流プログラムを開発した先生も現れ、大学の国際貢献プログラムには多様性が生まれた。

表3 建学の精神と世界の市民—理念とプログラム—

（建学の精神と人材育成理念）

キリスト教精神：自由と愛

人材育成：世界の市民

（プログラム）	（担当施設）
国際交流と交換留学	外国語教育センター、国際センター
国際ボランティア活動：インドネシア	キリスト教センター
インド	国際センター
中国内モンゴル	国際センター
オーストラリア	国際センター
地域貢献ボランティア活動：里山活動	学長室・学生支援課
街づくり活動	学長室・学生支援課
（カリキュラム）	
世界市民科目	教務課
（支援基金）	
社会貢献基金	学長室

（出所：津田［2004］121頁に追加修正）

社会貢献基金

学生のボランティア活動には国際貢献活動の場合、旅費が高くつく。そこで学生のボランティア活動を支援する基金を考えついた。社会貢献基金という名で他の大学で実施しているかどうかを調べたが見つからなかった。そこでこれぞとばかり学院理事をしていた当時、五億円を目標とする社会貢献基金を提案した。基金を受ける対象は、ボランティア活動をしている学院の大学生及び高校生となっている。この案は学院一二五周年記念事業として寄付金が集められた。目標金額には達していないが基金は学生達のために、国際貢献と地域貢献の両方を含めた社会貢献活動を対象に実施に移されている。

(三)　建学の精神と世界の市民——理念とプログラム——

以上の議論をふまえた建学の精神と世界の市民における理念とプログラムの体系は、その後に追加されたプログラム等を含めると表3のようになる。

第二節　建学の精神から文明の精神へ

(一)　研究者としての時代認識

三つの危機

現代社会は年々混乱を深めている。二〇〇八年における米国発金融危機の後、私が担当する経済政策の講義では、現代社会を特徴づける「三つの危機」という言葉を使い始めた。経済システムの危機、人間性の危機、自然環境の危機からなる三つである。またこれら危機が深刻になるにつれ、経済政策の講義内容も次第に政策論から経済体制論の方向に変質し始めた。資本主義経済体制を根本から検討するという方向である。国家財政危機をはじめとして各種経済システムは危機に陥っている。その反映として、富の偏在・格差拡大と弱者の排除、非正規労働の拡大と搾取、心身症・暴力・犯罪、殺人・テロ、戦争の拡大などの形で人間性の危機が深刻化している。自然環境の危機でさえ、大量生産・大量消費・大量廃棄による自然破壊という形で資本主義経済体制とつながっている。

正義と公正が失われた

危機を生み出している根源に目を向けねばならない時代になっている。探っていくと様々な原因が認められる。自由主義もそのうちの一つであり、競争も原因の一つである。もの・かね重視もそうであり、それらとつながる市場機構にも問題がある。これらは通常は問題にされない資本主義パラダイムの領域にあり、気づかないうちにこれらパラダイムそのものが危機と直結するようになってきている。危機の克服のためにはこれらパラダイムの変革が必要になっている。しかしどのような方向に変革すべきであるのか。わが国の研究者たちはほとんどこの問題に触れようとしない。必要なのは新たな経済体制論である。

変革の方向は明らかである。普遍的な価値の中で現代に必要なのは正義である。自由は世界に豊かさをもたらしたが、正義は失われてしまった。公正も失われている。

米国は自由を最大限に重視しているが、国内では生活困窮者が増加して正義はまやかしである。この国は自由主義から発生する支配、抑圧、排除、搾取が横行する正義のない社会になってしまった。自由主義者は正義とは自由であると言い張るが、その詭弁は今では通らなくなっている。富を奪われた人たちが自分たちは九九％だと一％の人たちを非難する社会になってしまっている。

正義のある社会とは、支配、排除、搾取のない社会である。生きがいのある社会、働きがいのある社会、公正な社会、真の自由がある社会である。正義のない自由は真の自由ではない。自由のみでは正義は実現できない。富を支配・収奪する自由もあるからである。米国社会の自由は自己愛に支配された自由である。近代社会が築いた自由、平等、博愛の精神を継承してはいない。

自由と愛、正義と公正

このように新自由主義と呼ばれる現代の自由主義思想は、世界に平和をもたらす思想とはいえなくなっている。愛とセットとなって初めて自由は真の自由となる。ここでいう愛は自己愛でなく人類愛でなければならない。表2でみたように、真の愛である人類愛から正義という価値が生まれる。正義からは公正も生まれ各種の倫理価値も引き出されていく。第一章で問題にした建学の精神である自由と愛は、世界に広がる危機を超えていく場合にもその役割は失われない。

しからば、自由と愛によって、いかにして現代社会に失われた正義は実現されるのか。この問題は哲学的レベルでは説得的に説明できない。現実は資本主義社会のパラダイムが支配する社会であり、強者が弱者を支配・排除・搾取する社会だからである。

パラダイムの変革は経済体制の変革

現代の危機を超えるには資本主義のパラダイムを変えるしかない。それも単なる修正ではなくパラダイムの変革しかありえない。パラダイムの一つひとつが危機と直結しているからである。変革の方向は上で述べたように、経済体制を正義と公正が実現できるような方向に変革することである。したがって、変革すべき資本主義パラダイムの明確化がここで必要になる。拙著［二〇一四］では、自由主義思想、競争システム、営利動機、営利企業、市場機構、政府システムの六つを資本主義経済体制のパラダイムとした。営利動機と営利企業を一つにまとめると五つのパラダイムになる。営利企業は株式会社に変更するのが適切かもしれない。政府システムは、国家と経済政策の方がわかりやすいだろう。

パラダイムの変革が根本的にならざるを得ない理由は次のとおりである。競争システムは強者のためのシステムであり、これがある限り格差拡大はなくならない。営利動機と株式会社がある限りは資本による労働の支配をなくせない。また競争システムの下では搾取が強まる。市場については廃止する必要はないが、需要と供給で何でも解決しようとする市場原理主義は卵子・精子、臓器等の売買にみるようにモラル・倫理を腐敗させていく。更に市場機構の下で投機を野放しにすると弊害が限りなく拡大する。国家と経済政策は市場の失敗を補完する役割のはずであったが、財政政策も金融政策も機能せず、小さい政府も大きい政府も失敗している。

したがって資本主義パラダイムの変革は以下のような内容になる。競争システムに代えて連帯・協力のシステムを導入し公正の実現をめざす。営利動機は真の人類の目的へと転換する。株式会社は、一株一票に代えて一人一票の民主主義を基礎にした協同組合に転換する。市場機構は公益基準に従い規制するとともに、資源の有効利用のために計画を導入する。国家と経済政策については、国際的な富の分かち合いの原理を導入するとともに、三権分立の他に政府の監査制度を導入する。(5)

新たな文明のパラダイムとしての価値体系

このようにして生まれる新たな経済体制は、資本主義パラダイムとはまったく異なるパラダイムをもつ社会となることが理解できるだろう。競争はなくす必要はないが協力・連帯が支配的な社会になり、競争と連帯が逆転する。このような意味で、新たな社会は「連帯社会」と名付けることが可能である。また、もの・かねの社会から精神的価値を重視する社会へと変貌していく。このような意味で、新たな社会としての連帯社会は新たな文明の始まりでもある。

新たな社会として登場する連帯社会は経済体制の形でも示すことができるが、その経済体制のパラダイムは価値体系の形で示すことも可能である。価値体系は新たな社会の理念であり、経済体制はそれを実現する手段という関係になる。次の表4は、連帯社会の価値体系の一案である。

表4　連帯社会の価値体系

①愛、自由、正義、社会的公正、公平、平等（連帯社会の原点の価値）
②連帯、互恵、団結、救済、協力、支援、合意、賛同（分かち合い社会の価値）
③個と全体、私益・共益・公益の調和、人間の社会的統合（調和・共存社会の価値）
④民主主義、参加、共存、共生、信頼、絆（人間を大切にする社会の価値）
⑤誠実、配慮、思いやり（倫理・モラルを大切にする社会の価値）
⑥働きがい、生きがい、労働の人間化（働く者と人間を大切にする社会の価値）
⑦共生、保護・保全、美しい、すがすがしい、やすらぎ（自然と人間の共生社会の価値）

連帯社会として登場する新たな社会は新たな文明の始まりでもあるが、文明という視点から見た場合には連帯社会は次の表5のような特徴を備えている。

連帯社会の価値体系に見られるパラダイムの世界と経済体制論的な制度・システムの世界を仲介するのが「連帯」の概念である。連帯・協力は人間と人間のつながりを規定する概念であり、パラダイムの価値的側面を持つと同時に、

表5　連帯社会という文明の特徴

①連帯社会は、もの・かね重視の世界から精神的価値重視の世界への移行である。
②連帯社会は、普遍的な価値体系の実現をめざしている。
③連帯社会は、エゴ社会から利他社会へという形で人類の進歩をめざしている。

競争と対立する概念という意味では経済体制の制度・システムにつながる側面を持つ。言い換えれば、正義を生み出す愛と自由の下で、連帯は具体的な正義を実現する経済体制を形成する役割を果たす。たとえば、経済体制の中で、連帯は民主主義や公正などの価値を実現する制度的役割を果たすとともに、コンソーシアムや二次的協同組合制度のような連帯システムの形で、効率を高める役割も果たす。[6]

（二）新たな文明のひな形としての社会的経済

欧州社会的経済が共有する特徴

以上のような価値体系をめざす連帯社会のひな形はすでに現代社会に生まれている。欧州で育っている非営利セクターとしての社会的経済（social economy）である。この社会的経済が連帯社会のひな形であるというのは以下の表6で示した理由に基づいている。ただし、欧州の社会的経済では自然との共生思想が弱い。これを補完するのは日本の共生思想である。また、欧州の社会的経済には富の分かち合いの思想が含まれていない。これらを含めた連帯社会の価値体系（表4）が新たな文明のパラダイムである。

表6　社会的経済が連帯社会のひな形であるという理由

①非営利セクターという共通性（利潤は目的ではない）。
②非営利セクターは競争ではなく協力・連帯を重視する。
③構成員は特に民主主義、参加、連帯、公正等の価値を共有している。
④共益と公益の重視（私益ではない）。
⑤歴史的には、地域社会の市民ニーズに応えるところから始まっている。
　これら5項目以外に、連帯社会をめざすためには社会的経済には次の⑥と⑦を加えるべきであろう。
⑥自然破壊から世界を救うために、自然と人間の共生思想を広める。
⑦対立・憎悪の根源にある格差・排除を除くために、世界的な分かち合いの原則を導入する。

社会的経済の中心たる協同組合

欧州社会的経済の構成員は、協同組合、アソシエーション、共済、財団、社会的企業、従業員所有企業等である。社会的企業等の革新により社会的経済も変革の中にあるが、構成員の中心は協同組合である。欧州の協同組合社会は次のような点で日本の協同組合とは大きく異なっている。

①　重化学工業を除く産業全体に協同組合が広がっている。

スペイン・バスクのモンドラゴン（Mondragon）協同組合やイタリアの協同組合には、製造業、建設業等で日本の法律にはない労働者協同組合が広がっている。例えば、モンドラゴン協同組合は、一〇〇以上の労働者協同組合の連合体であり、消費財生産、大型バス生産、ロボット等の資本財生産、建設業、流通業、金融業等の業界からなる。

イタリアの協同組合は中小企業が多いが大企業もある。二万三〇〇〇トンのセラミック生産用のプレス機械メーカー・サクミ（Sacmi）の世界シェアは五〇％、トラック・荷物の計量器メーカー・ビランツィアイ（Birantiai）の欧州シェアはトップにある。またフランスでは労働者協同組合のアコム（ACOME）もハイテク、光ファイバー、ワイヤーの分野で欧州トップの座にある。

② 障害者等の排除された人を雇用する公益型協同組合が拡大している。

イタリアでは障害者等で社会的に排除された人たちを雇用する公益型社会的協同組合の法律が一九九一年に制定され、欧州全域に広がった。国によっては社会的企業として法制化されている。欧州では彼らの報酬は最低賃金を基礎にしているため、日本の福祉作業所などで働く障害者の月収に比べ一〇倍の額に達している。高齢者福祉のサービスも社会的協同組合の対象であり、これら社会的協同組合はほとんどが労働者協同組合形態である。

イタリアではこれら社会的協同組合は全国に約一万四〇〇〇組合存在し、競争社会で勝ち残れるように連帯によってコンソーシアムというグループを形成している。コンソーシアムは地域、広域、全国の各レベルで形成され、三角形の頂点には全国本部がある。

③ 協同組合の首都と呼ばれる協同組合コミュニティがいくつも生まれている。

世界の各地には協同組合の集合体を中心として非営利組織からなり協同組合の首都と呼ばれる町がある。上述したスペイン・バスクのモンドラゴンは、世界中に広がるモンドラゴン協同組合の本部がある町である。またこの町は社会的経済の町でもある。

イタリア・エミリア・ロマーニャ州ボローニャ県イモラ市は七万人の製造業の町であり、一〇〇以上の協同組合と二〇〇近くのアソシエーションがあり、州全域における協同組合の首都と呼ばれ、町そのものが社会的経済を形成している。イモラの市民は驚くべきことに、イモラが協同組合コミュニティであり社会的経済であるという意味を理解できる。[7]

またオーストラリアのクイーンズランド州には、山間部にマレーニという村があり、オーストラリアの協同組合の首都と呼ばれている。この村は広域でも一万人程度であるが、連帯と共生を合わせ持った協同組合コミュニティであり、過疎の村を協同組合で再生したケースとして有名である。また、日本の共生思想から生まれたパーマカルチャー思想でエコビレッジ型共同生活の村をデザインし、国連から表彰された。[8]

さらに韓国ソウル近郊の原州（ウオンジュ）という三〇万人の町では、二七の協同組合がネットワークを組んで横につながり韓国協同組合の故郷と呼ばれている。[9]

このように世界各地に資本主義社会とは性格の異なる協同組合コミュニティの建設が可能になっているのは、協同組合を中心とした非営利組織が連帯しているからである。連帯とは、組織の横のつながりが基本であり、いくら巨大になっても連帯を無視すると競争社会では崩壊の危険性が待ちかまえている。

欧州社会的経済と連帯社会の相違

欧州の非営利セクターである社会的経済は、以上のように新たな文明のひな形としての特徴を備えているが、未だ幼少期の段階であり様々な課題を抱えている。たとえば、連帯思想は社会的経済の共通の価値ではあるが、国によって発展のレベルは異なっており、相互に学習する必要がある。また現実の世界では資本主義経済体制のパラダイムが支配しているために、競争システムや個人主義に毒されている社会的経済の領域が少なからずある。途上国との分かち合い思想や前述した環境問題についての共生思想も十分でない。文明の幼少期を超えて社会的経済が連帯社会へと発展するためには、今後更なる革新を重ねなければならない。

日本社会の課題

欧州では不況が続き協同組合世界でも倒産が避けられなくなっている。しかし逆に社会的経済への期待が高まっているのも事実である。連帯による雇用確保や共益・公益の重視が社会的経済の役割として浸透し、資本主義へのオールターナティブとして存在感が高まっているからであろう。

日本では非営利セクターや社会的経済への期待は見られず、それどころか非営利セクターへの会社法の適用が強まっている。その原因はいろいろあるが、保守勢力は市民社会が権力を持つことを望まず、また非営利組織もほとんど連帯を無視しているからである。競争が激化する社会では非営利組織が孤立して闘ってもしょせん株式会社の大企業には勝てない。連帯することが解決への道であると知るまでは苦難の道が続くだろう。

注

（1）津田［二〇〇四］参照。
（2）アンドレ・コント＝スポンヴィル［一九九九］参照、彼は神を信じない哲学者であるが愛から正義その他の徳を導き出している。
（3）津田［二〇〇七］［二〇一〇］参照。
（4）津田［二〇一五2］参照。
（5）詳しくは津田［二〇一四］第二章参照。
（6）詳しくは津田［二〇一二］第八章参照。
（7）二〇一五年五月現地聞き取り調査。
（8）津田［二〇一二］第五章参照。
（9）二〇一四年一一月、ソウルで開催されたＧＳＥＦ（国際社会的経済会議）終了後の原州見学ツアーでは協同組合コミュニティの形成過程について説明を受けた。

参考文献

アンドレ・コント＝スポンヴィル［一九九九］『ささやかながら、徳について』紀伊國屋書店。

津田直則［二〇〇四］「非営利価値と大学の役割」『桃山学院大学経済経営論集』第四五巻四号、一〇一～一二四頁。

同［二〇〇七］『南大阪地域再生に向けての構想と実践』桃山学院大学地域連携プロジェクト出版。

同［二〇一〇］「南大阪地域再生プロジェクトの構想と取り組み」『桃山学院大学総合研究所紀要』三六巻二号、六五～七四頁。

同［二〇一二］『社会変革の協同組合と連帯システム』晃洋書房。

同［二〇一四］『連帯と共生』ミネルヴァ書房。

同［二〇一五1］「資本主義を超える経済体制形成に向けて」日本法社会学会編『持続可能な社会への転換期における法と法学』法社会学八一号、一一七～一二八頁。

同［二〇一五2］「和泉山脈の自然を生かす構想」NPO法人いずみの国の自然館クラブ『いずみの国の自然』二八号、五～九頁。

第四章

大学教育改革と「建学の精神」具現化の方向性

―― 桃山学院大学の可能性を展望する ――

谷口　照三

はじめに

「高等教育改革」、とりわけ「大学教育改革」が提起されて久しい。改革は、良い悪いは別に、さらなる改革を呼び込むことが多い。そのことにより、「改革疲れ」という事態さえ出来している。それは、今日の大学の状況を言い表した代表的な言葉の一つであるが、避けられないとするならば、せめて意義ある改革の渦中にありたい、と思うのは私一人ではあるまい。

今日の「大学教育改革」は、「個性化」、「機能別分化」、そして「質保証」を巡って進展中である。その起点は、何と言っても大学設置基準の「大綱化」であろう。大綱化が示している教育における「自由化」と「個性化」は、高等教育、とりわけ大学教育においてこそ生かされる、という意味で我々にとって大変刺激的で、魅力的であった。しかしながら、その期待を現実化する方向性に向けて応答可能性を拓いていないことを、我々は率直に認めざるを得ない。それは、我々の想いと大学教育改革を推進する側の調整の不首尾によるところが大きいと思われる。その「不調和」の責任は、双方にあろう。

本章では、その責任の所在を確認し、それを考慮しながら、「個性化」と「質保証」の根幹と思える、「建学の精神」具現化の方向性を探究し、桃山学院大学の可能性を展望しようと思う。大学教育改革の焦点は、あくまでもカリキュラム改革を中心とした教育プロセスのリデザインに置かれなければならない。しかし、その可能性を拓く基盤は、「建学の精神」を「大学における人間生活や大学という社会ないし組織をより良くすること」に結び付ける理想の構想力、理念力であり、それに基づいた行動力である、と言ってよい。そして、それは、個人的なものから組織化されたものへと成熟し、またそれが持続性を持つ時、カリキュラムを中心とした教育プロセスの充実が表層的なものから深層的なものへと転換されることは間違いない。それ故に、本稿において、「建学の精神」と「新たなカリキュラムを中心とした教育プロセスの再構築」を媒介し得る一つの契機を創り出せればと願っている。

第一節　大学教育改革と個性化

(一)　大学教育改革の歴史社会的文脈性

大学教育が「改革」を必要としていることは、必然的なことであろう。大学という教育研究を「事業」とする「組織体」の生成・存在の循環プロセスは、歴史社会的文脈の中にあることから、その文脈性から逃れることはできない。否、その生成・存在の循環プロセスは、むしろ積極的にかかる文脈からの「促し」を自己のものとして感得し、それへの応答可能性を拓いていくことによって、描き出される、と言ってよいのではなかろうか。大学の個性は、もちろん大学行政の枠組みとの関連を前提としなければならないが、現実的、基本的には、大学を巡る歴史社会的文脈はいかなるものかへの考究、またそれをどのように感得し、それに対してどのように応答可能性を拓いていくか、といった点に依存していよう。

近年における日本の大学を巡る歴史社会的文脈としては、少なくとも以下の三つを指摘し得る。(一)「欧米へのキャッチアップからその完了」という文脈、(二)「工業化の進展と経済のグローバル化におけるメガ・コンペティション」の文脈、(三)「リスク社会・内省的近代化」の文脈である。もちろん、これらの三つを貫通しているものとしての「グローバル化」、「情報化」、「科学技術の高度の進展」なども、また大学経営や教育の質に直接関連する「少子高齢化社会の進展」、「高等教育のユニバーサル化」も当然視野に入れるべきものとして前提としていることを、ここでは了解しておきたい。

今日までの、日本における初等教育から高等教育にわたる教育行政の一貫した方向性は、(一)の「欧米へのキャッチアップからその完了」という文脈に沿って形成された。日本の教育行政は、刈谷剛彦の言う「知識のローカリゼーション」を基礎とする教育システム、つまり「外国の知識を日本語化し」、「初等教育から高等教育まで日本語で、グローバル化した知識を習得できるシステムを作り上げ」ることによって、「キャッチアップからその完了」に、大いに貢献したと言ってよいであろう。刈谷は、「知識や情報の発信という面ではともかく、受信の面では非常に優れたシステムだと言える」と高く評価する一方で、「日本は知識をローカライズすることに見事に成功したが、まさにその成功がグローバル化への対応を妨げた」というジレンマの中にあり、「この行き詰まり状態から簡単に抜け出せそうにない」、と悲観的である。この「行き詰まり状態」は、刈谷が言うように、「『キャッチアップの完了』意識が教育をゆがませ」、「従来の教育が時代遅れだと否定され、教育改革は教育改革を呼んだ」ことのなかで、より深刻さを増すのであろうか[1]。

それはさておき、ここでは、日本の大学教育行政は、(一) の文脈を (二) の「工業化の進展と経済のグローバル化におけるメガ・コンペティション」の文脈に重ね合わせ、新たな文脈を創り出し、それに沿って進められてきたことを指摘しておきたい。かかる文脈を核とし、「グローバル化」、「情報化」、「科学技術の高度の進展」、また「少子高齢化社会の進展」、「高等教育のユニバーサル化」などを取り巻くあるいはそれを正当化する文脈として位置づけ、それを教育改革の「歴史社会的文脈」としたのが、今日までの教育行政ではなかったのか。

しかしながら、大学教育改革において、今一つ十分に配慮すべき重要な文脈があることを、我々は忘れるわけにはいかない。それは、(三) の「リスク社会・内省的近代化」の文脈であり、(二) の文脈から必然的に浮上してきた「文脈」である。工業化を中心とする近代は、ドイツの社会学者ウルリヒ・ベック (Ulrich Beck) が述べたように、「富の生産と配分」と同時に「リスクの生産と分配」をもたらし、「リスク社会」の様相を強めてきた、と言わざるを得ない[2]。「リスク社会」においては、公害や健康障害などの顕在的な害のみならず、地球環境問題において危惧されているような、また有機化学や電子工学、さらには遺伝子工学やナノテクノロジーなどの高度な科学技術の応用によって引き起こされる害の潜在化 (数年後、何十年後に顕在化すること) が進行していく。さらに、そのことや「経済のグローバル化におけるメガ・コンペティション」を背景とする「雇用の不安定化」や「格差の拡大化」が社会それ自体のリスク化をもたらすことにも、留意すべきであろう。「リスク社会」は工業化を中心とした近代化が「成功」したがゆえにその結果として出現したのであり、それゆえに今日においては「なによりそれ自体と向き合うこと[3]」がまず必要であり、そのことを媒介とした「近代化自体の改革」のプロセスを始動すること、つまり「内省的近代化」(reflexive modernization) が避けられない[4]。

以上のように考えることができるならば、かかる「歴史社会的文脈」は、(一) と (二) の文脈を照射し、それらに内包されている意味内容が再解釈され、新たな社会の、また世界の課題探究を促す文脈として了解され、これからの高等教育、とりわけ大学教育改革にとって重要な文脈となろう。

(二) 大学教育改革の現状と問題点

(一)の「欧米へのキャッチアップからその完了」という文脈の「完了」を大々的に宣言し、(二)の「工業化の進展と経済のグローバル化におけるメガ・コンペティション」の文脈に沿った形で大学教育改革を大胆に提起したのは、一九八四年に設置された内閣直属の「臨時教育審議会」による一九八六年の第二次答申においてである[5]。一九九一年の「大学設置基準の大綱化」は、その具体化であった。そこでは、「一般教育と専門教育の区分の廃止」、「一般教育の科目区分の廃止」、「カリキュラムの自由化」が提示され、「各大学が、自らの責任において教育研究の不断の改善を図ること」が期待されたのである。しかし、それは、いわゆる新自由主義的な自己責任原則による志向性を認めざるを得ないが、日本における個々の大学にとって「建学の精神の具現化による個性化」の最初の好機でもあったことも事実である。

しかしながら、その機会は多くの場合生かされることなく、一般教育課程、教養部の改組転換、および「専門教育の事実上の一般教育化」を通じ、「専門教育が空洞化する事態」[6]や「大学の中核をなす教養の批判的な力そのものの解体」[7]が進行していった、と言っても過言ではなかろう。それは、以前から徐々に大きな波となってきた「社会からの要請」という意味づけによる「役に立つ大学教育」への改革路線と融合することによるところが大きい、と言わざるを得ない。ここでの「社会」は、昨今の経済のグローバル化に伴うメガ・コンペティション下における日本産業界の立ち位置をめぐる議論を文脈として、「経済社会」、あるいは答申にたびたび出てくる「社会経済構造」を意味している、と見てよい。そこでは、実学的、専門的教育への偏向が見て取れる。この点が、多くの大学において、「建学の精神の具現化による個性化」がなし得なかった一つの理由であろう。

かような改革路線の下に、文部科学省、中央教育審議会等は、大学に、シラバス作成や年間三〇回、半年一五回の講義回数の厳守を（単位制の問題点の見直しもなく）求め、さらに教育研究活動の「自己点検・評価」と第三者評価のシステムの構築を推し進めた。そして、その後であるが、各大学の「建学精神」の下に、「ミッション・ステートメント」、「アドミッション・ポリシー」、「カリキュラム・ポリシー」、「ディプロマ・ポリシー」の作成を促し、それらを「自己点検・評価」に組み込むことが要請された。前者の「シラバスから第三者評価への動き」は、各大学にとって相当の負担をもたらした。「建学の精神の具現化による個性化」には、カリキュラムの自主的な再編が中心となるべきであるが、かかる「負担」はそこにと向かう努力を割くように働いた。もし後者の「建学精神の下における三つのポリシー」から「カリキュラムの自由化」を促進するようなサポートが前者の動きより先行したやり方で文科省、中央教育審議会等からなされたならば、そのような負担は相当軽減され、「各大学が、自らの責任において教育研究の不断の改善を図ること」が真に可能であったかもしれない。この政策の「大綱化」とは矛盾するような性質と、またそれゆえに発生したと思われる「施策の前後の置き違い」、つまり「プロセス誤謬」、これが「建学の精神の具現化による個性化」がなし得なかった二つ目の理由であったと言えるであろう。

第三の理由は、実は、各大学に見いだされる、と言わざるを得ないであろう。上述の二つの理由があったとは言え、また第一の理由に後押しされた面もあったかもしれないが、多くの大学において、冒頭に記したように「大綱化」を「建学の精神の具現化による個性化」の好機として捉えそこなった、ように見受けられる。村上陽一郎も同様の発言をしている。(8) 村上は、「学部の専門科目は、ある意味では、何処の大学であろうと、内容がそう変わる訳ではない」ことから、一般教育や教養課程にこそ各大学の理念を反映すべきあるという見識の下に、「いわゆる『大綱化』と言われる現象も、実はこうした問題意識のなかで捉えられるべきものであった」と述べている。しかし、現実はまったく逆であると、以下のように分析する。「『一般教育』に関する規制が緩んだということは、なし崩しに取り崩してしまっても構わない、というメッセージを文部省が出した、という解釈に基づいて、ことが進んでいる」。

(三) 個性化への課題

このような事態をもたらした背景には、各大学における、また桃山学院大学においても例外なく「一般教育と専門教育の対立構図」があった。その構図は、後者が主であり前者が従の関係に位置づけられてきたことに起因している。その関係構造は、古くからは先ほどの（一）の文脈に、また近年ではそれが（二）の文脈に重ねられた新たな文脈を根拠に作られた日本の伝統であろう。かかる伝統は、日本の大学が固有の専門領域を単位とする専門学部から組織編制されていることに、具体化されている。

一方、戦後の新制大学への改革は、一九四六年のアメリカ教育使節団の指摘を受け入れ、アメリカの州立大学（カレッジ）で行われていた「一般教育」(general education) を導入し、専門教育、職業教育重視の弊害を緩和する意図で進められてきたのである[9]。しかし、今に至るまでその意図が具体化される状況にはなっていないのではないか、との疑念を持たざるを得ない。それは、さきほどの「伝統」に加え、またそのことの影響下のゆえに、「一般教育と専門教育の関係如何」、「教養教育とは」等のテーマについてほとんどの場合各大学で議論を深めきれていなく、「一般教育のあり方をめぐる議論は何よりも、その設置基準の改正問題として展開された」[10]ことの結果である、と推察される。

「一般教育」は、ヨーロッパ流のリベラルアーツ (liberal arts) の伝統、「自由に生きるための技巧」を維持しながらも、その貴族的、特権的性質を払拭し、教育の対象をすべての人に広げるために、アメリカで生まれた、新しい時代の「教養教育」である。それが何であるかの説明は、すでに三〇年近く経過しているけれども、E・L・ボイヤー

(Ernest L. Boyer) の「すべての人々に共通な普遍的な経験、すなわちそれなしには人間の協力関係が解体し生活の質が減退してしまう共通の活動に関わるものである」[11]という言説が、色あせることなく生気を放っている。多様な人々の大学へのアクセスが可能になった「大学のユニバーサル化」の今日的状況にあっては、ますますかかる意味での「教養教育」の重要性が高まっている。さらに、「それなしには人間の協力関係が解体し生活の質が減退してしまう共通の活動」内容は歴史社会的文脈によって異なることに留意するならば、(三) の「リスク社会・内省的近代化」の文脈を無視し得なくなってきている今日の社会においては、かかる文脈に沿った「教養教育」の再構築が要請されている、と言ってよい。

もちろんのことであるが、かかる「教養教育の再構築」は、ただ単に歴史社会的文脈から派生するものではあり得ない。そこには、自己超越的に自己を批判及び評価することを通した主体的な働きの媒介が必要とされる。その働きは、サイクルを形成するが、その起点と到達点には、大学の理念やそれを基礎づける「建学の精神」を想定しておかなければならない。これは、かかる大学の組織としての応答可能性 (responsibility) を拓くプロセスである[12]。そのような観点から見れば、大学教育の個性化とは、当該の主体的働きとしてのサイクルが、自己超越的に自己を批判及び評価することを通して「建学の精神」に対する一定の態度を形成することを契機にスパイラル・アップ (spiral up) し、レスポンシブル・スパイラル・プロセス (responsible spiral process) を形成すること、と言うことができよう。

第二節　桃山学院大学と「建学の精神」の具現化への動き

(一) 個性化への仕組みと活性

大学教育の個性化は以上のような意味での「建学の精神」の具現化にあるように思われるが、かかる具体化には、より正確に言うならば、キャンパス構築などのハードウェア（hardware）、その内外で展開される諸活動を引き出す学部構成やカリキュラムなどを中心とするソフトウェア（software）、そして何よりにも大事な前二者を結合する働きを創り出すヒューマンウェア、否パーソナルウェア（personal ware）が必要であろう。ここでのパーソナルウェアとは、「建学の精神」を「大学における人間生活や大学という社会ないし組織をより良くすること」に結び付ける理想の構想力、理念力であり、それに基づいた行動力である。そして、それは、個人的なものから組織化されたもの、すなわちオーガニゼーショナルウェア（organizational ware）へと熟成される必要があろう。それらがコアとなった三者間の上向きの循環過程、スパイラル・アップしたプロセス（spiral process）が漸進的に、あるいは革新的に、また持続性を持って創発されている時、大学は良きコミュニティとなろう。かかるプロセスそのものが、ユニバーシティ・アイデンティティ（University Identity）である、と言ってよかろう。

桃山学院大学は、カトリックとプロテスタントの中間に位置するキリスト教派である英国聖公会系のミッションスクールである。「キリスト教精神に基づいて人格を陶冶し、豊かな教養を体得させ、深い専門学術を研究、教授することにより、世界の市民として広く国際的に活躍しうる人材を養成し、国際社会、世界文化の発展に寄与することを目的とする。」ことを学則第一章総則第一条に掲げ、一九五九年に開学した。(13) しかしながら、開学以来一九八〇年代の初めごろまでミッションスクールであることを意識させるハードウェアは、桃山学院としての独自の特徴があるのであるが、皆無状態であった。かかる特徴は、「桃山リベラリズム」と評されてきたが、開学当時の理事長八代斌助の以下のような発言から窺うことができる。[14]「信仰というものは強制するものではないし、学問もまた同様である。……また、チャペルも、大学全体の意向として建設しようという機運が充実した時、その時代ならびに要望に応えるような規模と活動を担いうるものを、自分たちの手で建ててこそいみがあるのだ」。

ようやく、一九八三年に大学のクリスチャンネームであるSt. Andrew's Universityに因んだ「アンデレ館」、一九八九年にイエスの弟子で最も有名なアンデレの兄の名を付けた「ペテロ館」の二棟の教室等が建てられた。だが、チャペルが建てられたのは、一九九〇年一月であった。ようやく、「チャペルなきミッションスクール」[15]から解放されたのである。これは、まさに数人の地道なパーソナルウェアの積み重ねが、多くの人々の心を動かした結果であった。また、「チャペルがある」ということが、さらに「建学の精神」への覚醒を呼び起こし、それがさらなるパーソナルウェアの強化に繋がり、学院の源流であるミッションスクールの男子英学校（Trinity Boys' School）が創設された一八八四年からきわめて象徴的な年数である「一一一年目の新たな出発（旅立ち）」を合言葉に、二度目の新キャンパスへの全面移転が計画され、実行された。一九九五年のことである。その後の整備も含め、教室棟三棟や体育館、合宿棟などの数棟を除き、他の多くの棟に聖人の名前が付けられ、また全キャンパスのものとほぼ同様のチャペルが、しかも周囲に新しく造園された「聖書の花壇」まで伴い、建てられた。ここに、「建学の精神」、つまり「キリスト教精神」を反映したと言えるハードウェアが整った。

かかるハードウェアのエネルギーがさらなるパーソナルウェア、ソフトウェアの充実、成熟に寄与するようになる。カリキュラムを中心とするソフトウェアに関しては、一つ一つは極めて重要性を持つ（この例は第三章の津田の論稿で見ることができる）のではあるが、まだまだ部分的な改革に止まっている。しかしながら、一九九〇年代後半から二一世紀の最初の一〇年間の期間に、ハードウェアの効果的な影響に、ソフトウェアの改革の影響も加わり、パーソナルウェアがオーガニゼーショナルウェアへと成熟する傾向が力強くなってきた。

その最初の契機は、学院創設一〇〇周年に作られていた学院章に関する公式説明文が一九九六年に常務理事会において制定されたことである。学院章は、わが学院のクリスチャンネームである St. Andrew の象徴である「アンデレクロス」（X型の十字架）を SEQUIMINI ME（セクイミニ メ、我に従えという意味でイエスからかけられた最初の言葉）が支えるようにデザインされたものである。そして、引き続き、公式説明文に記された「アンデレのように最後まで『自由と愛』のキリスト教精神によって生きること」を下に、一九九九年に第一八回宗教活動協議会にて、「キリスト教精神」をより内容がイメージされやすいように、「自由と愛の精神」と説明的に表現することを決定し、その公式説明文を明示するようになった。

そして、これらの前後に、次項で詳しく触れるが、カリキュラム改革が検討され、学則に謳っている「建学の精神」に基づく教育理念である「世界の市民」を体現する「世界市民科目」が創設された。さらに、これらの動きを受け、まさに魂を入れるがごとく、桃山学院大学広報誌である『アンデレクロス』に、村田晴夫学長（二〇〇〇年四月～二〇〇四年三月）は、以下のような一連の論稿を発表した。「現代文明と教養――『世界の市民』に向けて――（一）」（九六号、二〇〇〇年一〇月）、「地域社会と世界市民のために――『世界の市民』に向けて――（二）」（九八号、二〇〇一年一月）、「文明の変貌と転換――『世界の市民』に向けて――（三）」（一〇二号、二〇〇一年一二月）、「『自由』と『愛』について――『世界の市民』に向けて――（四）」（一〇四号、二〇〇二年五月）、「『愛』そして『開く』ということについて――『世界の市民』に向けて――（五）」（一〇六号、二〇〇二年一〇月）、「『自由』と『愛』と『家庭』――『世界の市民』に向けて――（六）」（一〇八号、二〇〇三年二月）、「『生きられる学問』――『世界の市民』に向けて――（七）」（一一〇号、二〇〇三年七月）、「世界の平和そして愛――『世界の市民』に向けて――（八）」（一一二号、二〇〇三年一二月）。これらは、本書の第二章で新たに加筆再編し、再録されている。ここまで学長が「建学の精神」に真摯に向かい合い、「自由と愛の精神」から大学教育のあらたな可能性を展望した試みは、これまで桃山学院大学には例を見ないことであった。他大学においても、おそらくそのような例はそれほど多くないであろう。それから約一〇年が経過したのではあるが、学長室によって、大学の構成員の声を聴取し、教育目標、ミッション・ステートメント、教育ビジョン等を含む「建学の精神等の系譜」（この図は紙幅上省略せざるを得ない）を公式的に図式化し、二〇一三年一二月に大学評議会にて承認され、公表された。

このようなオーガニゼーショナルウェアへの成熟のプロセスは、さらにソフトウェアの改善への橋渡しが期待されたのである。しかし、その後のカリキュラム改革は、その機運はあるけれども、いまだ着手されていない。早急に取り組む必要性を感じるが、その為には「大綱化」後の二回の改革を振り返り、課題を確認することが肝要であろう。

（二）「世界市民科目」の創設とその特徴

さて、ここで、「大綱化」後のソフトウェアの中心とも言える大学全体でのカリキュラム改革について簡素に振り返っておきたい[16]。

「大学設置基準の大綱化」を契機とし、また一九九五年度からの新キャンパスでの実施を目指した改革は、一九九二年度より検討が鋭意遂行されてきた。しかし、その新カリキュラムは、学部間の合意形成に時間を要し、一九九六年度からの実施となった。そこでの改革は、主として専門以外の一般教育等の「共通基礎科目」、「共通教養科目」、「共通自由科目」への再編が履修条件も含めておこなわれたが、まだ「建学の精神」の具現化の意図は中心的な場に据えられてはいない。しかし、カリキュラム改革についての説明文において、以下のことが記されていることは、是としなければならない。「本学の建学の理念にいう『世界の市民』は、いかなる国、民族、固有文化にたいしても自らが帰属する共同体、その文化、そのメンバー、に対するのと全く同等の立場で接することを当然のことと考え、そのような態度で行動する自立した人格を持つ人々のことである。しかし、歴史は、そのような『世界の市民』となることが決して容易ではないことを教えている。私たちの新しいカリキュラムが、なかでも共通教育科目が、この困難であるが重要な課題に挑戦し、目標達成の一助となることを私たちは目指したいと思う」。[17]

その後の改革は、上述のカリキュラム改革の合意事項に「四年後の見直し」が含まれており、その実行のため、また教育の実効性を高める趣旨からセメスター制への移行とカリキュラムの簡素化を中心的課題として、一九九八年度から二〇〇二年一月まで計四〇回の検討委員会が開かれ、実行された。この新カリキュラムは、二〇〇二年度からスタートしている。かかる改革のなかで特筆すべき点が少なくとも二点ある。まず第一点は、すでに触れたが、共通基礎科目に「世界市民科目」として「世界市民」（二単位）が全学必修科目として創設されたことである。今一つは、「世界市民」も含めた共通教育科目の運営に関して、以下のような点を含意していることである。つまり、「『世界の市民』の育成は全学的課題であること」の共通認識のもとに、「全教員が全学共通教育を通じて世界市民育成に必要な教育に携わること」、という姿勢である。[18]

「世界市民科目」は、前回の改革時、本学は従来から「建学の精神」や「桃山リベラリズム」との関連から人権教育重視の姿勢を取っていたこともあり、人権問題委員会から一九九二年一月に答申されていた。一〇年を経てようやく実現したのである。以上のような経緯もあり、「世界の市民」に必要な基礎知識について、新カリキュラムでは、以下のように説明している。「まず第一に、人権問題についての正確な知識と人権尊重の意識が、『世界の市民』にとっての不可欠な条件である。また、建学の理念に謳われているキリスト教精神の根本を理解することも、『世界の市民』には望まれる。さらには、グローバルな視野を養成するためには、多様な問題に関わる世界事情についての正確な知識の習得が必須となるであろう」。[19] その必要性に対して、「差別され迫害されてきた人々の歴史を学び、そのような過去への反省から人類が確立してきた人権の重要性を学ぶことによって、世界の市民に求められる基礎知識と基本態度の鍛錬を目的とする講義、キリスト教の歴史と現在についての認識を踏まえつつ、その根本的精神の理解を促進することを目的とする講義、担当する本学専任教員が自らの専門的研究内容にかかわる世界事情を解説し、グローバルな視野とは何かを学び取ることを目的とする講義、あるいはまた、担当する本学専任教員が自らの専門的研究内容と人権問題ないしキリスト教との関連を探究することによって、人権問題やキリスト教精神の理解を深めることを目的とする講義」[20]が複数開講される。ここで留意すべき点は、専門教育と共通教育（教養教育ないし一般教育）の新たな関係構築が示唆されていることである。これは、極めて重要なことである。そこには、教養教育ないし一般教育の文脈の下での専門的な研究の必要性が含意されており、新たな「研究と教育の連関性」を求めるものとなっている。さらに、それは、学生が「教養的内容」と「専門的内容」を密接な関係をもって主体的に学習する素地の形成に、大きな影響を与える可能性をもっていると推察される。

(三)　カリキュラム改革及びその運営と残された課題

確かに、過去二回のカリキュラム改革は、「建学の精神」の具現化に一歩踏み出たことは間違いなかろう。しかしながら、いくつかの問題が残されているように思われる。ここでは四点を指摘しておきたい。

第一点は、ないものねだりになりかねないが、「建学の精神」の具現化が、部分的にとどまり、システム化の方向性がまだはっきりとしていないことである。この探究の道が作られるかどうかは、以下の三点如何に依存しているように思われる。

第二点は、いわば、伝統的に論争の的になった「一般教育と専門教育の関連性」の問題である。先ほど触れたように、「世界市民科目」や「共通科目」の運用面では、「全員が担う」という合意形成は成されているが、現実にはそこに止まっており、「関連性」そのものに関して合意ある形で探究を深めることには繋がっていないように思われる。

それは、すでに触れたように、多くの大学に一般的に見られた、一般教育担当者と専門教育担当者の対立が影を落としている結果であろう。

第三点は、第二点の結果でもあり、また逆にこの点が原因となり第二点の結果をもたらした、そのような問題である。二回目の改革において、前項で特筆すべき特徴として触れた、「教養教育ないし一般教育の文脈の下での専門的な研究の必要性が含意されており、新たな『研究と教育の連関性』を求める」ことを打ち出しているのではあるが、これについても、合意形成を漸進的に創造していくように探究が方向づけられることはなかった。

第四点は、第三点が進まなかった大きな直接の原因でもある。「新たな『研究と教育の連関性』」を始動し、それが活力ある形で持続可能性を維持し得るには、構成員個々人の自覚的献身と組織的なバックアップを欠かすわけにはいかない。前項の注（18）で言及した「『世界の市民』の育成は全学的課題」を提起した文学部共通教育将来構想検討委員会「二〇〇二年度発足予定の新カリキュラムについて（案）」においても、この点に関して「個々の工夫と組織的対応が不可欠である」と強調されていた。より正確に表現するならば、個々の人々の創意工夫や能力を生き生きと引き出すオーガニゼーショナルウェアの成熟化が必要である、と言えよう。このことこそ、FD（Faculty Development）、UD（University Development）と言わなければならない。しかしながら、それは、残念ながら、まだ途上と言わざるを得ない。そのために、個々人のパーソナルウェアとしてのパワーが弱まり、あるいは過重負担となり、革新的な応答可能性を弱め、カリキュラム上のよき意図が実現されないままになっているのが現状ではないか、と推察せざるを得ない。

これらの点は、提起されながら、すなわちその重要性について全学的合意がありながら、漸進的発展へと向かうのではなく、残念ながら不完全燃焼の事態に陥っており、大学にとって深刻な状態であるという認識を避けるわけにはいかない。かかる認識を共有し、上述の後者三点についての方向性を検討しながら、第一の点、つまり「建学の精神」をカリキュラムによりシステマティックに具現化する道をつけていくことは、桃山学院大学にとって焦眉の急である。

第三節　桃山学院大学の可能性の基盤とその展望

（一）「自由と愛の精神」の解釈と共有化の必要性

かかる課題は極めて重い。しかし、それへの応答可能性を拓くには、オーソドックスであるが、「自由と愛の精神」の解釈と共有化を必要としていることは、言を俟たない。

「大綱化」後の第一回目の改革を担ったカリキュラム改革委員会は、「カリキュラム改革の概要について」（一九九五年一月一三日）の中で、「改革のための議論において問題となったのは」、「理念そのものではなく、理念をいかに解釈し、如何に具体化するかという点であった」、と述べている。その通りであろう。しかしながら、「建学の精神」（当時は「キリスト教精神」のみで、「自由と愛の精神」という注釈はまだ浸透していなかった）や教育の理念的目標である「世界の市民」の解釈と共有化という観点に限ったとしても、第二節（二）で引用した「私たちの新しいカリキュラムが、なかでも共通教育科目が、この困難であるが重要な課題に挑戦し、目標達成の一助となることを私たちは目指したいと思う」との思いは強かったのではあるが、不十分さは免れ得ないであろう。それは、この点に関して学部間にかなりの温度差があったことが、大きく影響しているようにも見える。

第二回目の改革時には、第二節（一）に見たようにキャンパスの全面移転を契機に、以前とはその環境が大きく変わった。つまり、それが契機となり、「建学の精神」を具現することに欠かせないハードウェアとパーソナルないしオーガニゼーショナルウェアとの交互の意味付与関係により、「建学の精神」と幅広い大学関係者との間のインターフェース（interface）がそれ以前とは際立って柔軟化し、質的変化をもたらした。まさに、ある種の化学反応が起こったのである。それゆえに、以前とは異なり、「建学の精神の具現化」に関しては、特に「世界市民科目」について学部間での「大筋の合意」（第五回カリキュラム検討委員会議事録、一九九八年六月二六日）が得られ、一歩も二歩も、否、より多くの歩数を数えることができるほど、進展した。

しかし、改革後は、「建学の精神の具現化」に関して、論点が「組織全体で責任を担うこと」に収斂したかの様相を見せ、その状況に合わせるように「『建学の精神』の解釈と共有化」の漸進的な歩みは遅くなったように見受けられる。村田元学長の一連の論稿から学長室による「建学の精神等の系譜」まで約一〇年の隔たりがあることは、その証左であろう。

「建学の精神の具現化」には、ある程度の「解釈の持続性」が必要であろう。「ある程度」とは、何らかの「程度」を想定しているわけではない。そこでは、「解釈」をある一つの、あるいはそのようなものに限定するために「持続性」を必要とすることに現れる「硬直化」や「原理主義化」を避けることを意図している。それらは、真の解釈を停止するからである。真の解釈、また持続的な解釈は、多様性に親和的であろう。かかる多様性が契機となり、新たな解釈や既存のそれを深めるような、いわば化学反応が起きることを通して、解釈の持続性は成り立つのではなかろうか。「解釈の共有化」とは、そのようなプロセスにおける「沈殿するもの」の共有化と「多様性ないし差異の相互承認」を意味する、と考えたい。かかる考え方の「共有化」のために、ここで、本学の入学式、学位授与式にチャプレンが必ず朗読する宗教社会学者ラインホールド・ニーバー（Reinhold H. Niebuhr）の祈りを以下に紹介したい。[21]「神よ、変えることの出来ないものについてはそれを受け入れる冷静さを、変えるべきものについてはそれを変えるだけの勇気を、そして、変えることのできないものと変えるべきものとを識別する英知をおあたえください」。まさに、「建学の精神」の解釈の持続的プロセスは、「自由と愛の精神」の実践である。

（二）「自由と愛の精神」と「世界の市民」の解釈への幾つかの留意点

実は、筆者は、「大綱化」後の第一回目のカリキュラム改革に経営学部教務委員として、また第二回目の改革時は後半の方で経営学部長として関わっており、それに対して、一定の責務がある。本稿でのそれらに対する批判は、自己に向けたものでもある。このような事情に加え、村田元学長の一連の論稿に刺激を受けるとともに、本書の刊行に加わっている数人の仲間の励ましもあり、また上述の「建学の精神」の解釈の持続的プロセスに微力ながら加わっていきたいとの思いで、かつて論稿「『世界の市民』パラダイムの可能性 ── 桃山学院大学の『建学の精神』の解釈と応用 ──」を発表した[22]。

ここでは、「建学の精神」と教育理念としての「世界の市民」の解釈とそれらの具現化のために、筆者が留意している中で、特に三点を「一つの展望」として、まとめておきたい。

第一点は、「自由と愛との関連」についてである。本学のホームページに、この点に関して、端的に聖書の言葉、つまり「あなたがたは、自由を得るために召し出されたのです。ただ、この自由を、肉に罪を犯させる機会とせずに、愛によって互いに仕えなさい。」（ガラテヤの信徒への手紙五章一三節）を引用し、説明されている。筆者は、先の拙稿で「愛」を自然や他の生命なども含めた「他者への配慮、ないし気遣い」と、また他の拙稿では「他者を大切にすること」と解釈し、その上で先の聖書の言葉を「『他者と共に在る』（being with others）前に、相互に『他者のために在る』（being for others）ことが先行しなければならない」という、いわば存在原理の意味として解釈した[23]。イギリスの社会学者ジグムント・バウマン（Zygmunt Bauman）は、この点をうまく言い表している。「**他者のためにあるがゆえに、わたしは存在する。**あらゆる実践的な意味と目的からして、『存在』は『他者のための存在』と同義語なのである」[24]。また、「個人が他者のコストで多くのことをなすことを可能とする」「自由市場におけるイックスクルーシブ・フリーダム（exclusive freedom）」と、「市民的民主制の装置や手段を強化することによって、コミュニティに社会的（環境的も含む）不公正を抑制し、予防することができるようにする」「インクルーシブ・フリーダム（inclusive freedom）」の対比は、「自由と愛の関連」を理解する上で、有益な視座になるように思われる[25]。前者は、「依存を否定した自律を自由と了解すること」を強調し、後者は「差異の相互承認」の下に、それらの違いを生かすことによるパートナーシップやネットワークを形成し、違いを超えてすべての人々が生き生きと生き得る何かを創造する自由に光を当てる。

第二に言及しておきたい点は、「自由と責任の関係性」である。「自由には責任が伴う」というフレーズは、度々眼にすることである。本学のホームページにも、「自由には他者への愛と責任がともないます」、とある。「他者への愛」が省略され、「自由には責任が伴う」のみになった場合、それは、どちらかと言えば、新自由主義的な「自己責任原則」と誤解されやすくなることに、留意しなければならない。「他者への愛」が伴う「責任」は、もちろんいずれも含むのではあるが、どちらかと言えば、行為の後の「結果責任」より行為の前の「意思決定責任」の意味での応答可能性を拓くことに重きを置いている。「自由」の後に「責任」があるのではなく、応答可能性を拓くという「責任」のために「自由」が必要なのである。意外にこの点は、無意識のうちに置換され、解釈される場合が多い。留意すべき、大事な点であろう。

最後に、「世界の市民」の「世界とは何か」、また大学教育改革においてたびたび登場する「社会のニーズ」の「社会とは何か」を問い、「世界」や「社会」という言葉を明晰性の下に使用すべきであることを、指摘しておきたい。本学の公式的な説明においても、この点は不十分であると、言わざるを得ない。これらの点は、本節の最後の論点との関連が強い。項を改め、論じたい。

（三）「世界の市民」の哲学的射程と教育研究の課題

まず、「社会」から問題にしたい。我々にとって「生きるということ」は、端的に、第一点目で述べたことを前提とするならば、「相互に人々の想いに気づき、それを形にし、各自の応答可能性を拓くプロセスを形成していくこと」、と言えるかもしれない。しかしながら、我々人間には能力の限界があり、それゆえにサポートする、あるいは補完する各種の協働関係が形成され、それらが進展してくる。いわゆる社会の発展である。かかる協働関係は、非公式的なパートナーシップから公式的な諸制度の中の専門的な諸組織や団体に及ぶ。それらは、「ソーシャルな状況」（the social）と「ソシエータルな状況」（the societal）として区別することもできるであろう。「ソーシャルな状況」とは、非公式的で、人格的な相互関係であり、個人、家族、地域社会の複合的な状況全体を指す。「ソシエータルな状況」とは、公式的な役割関係、契約関係である。ここでは取りあえず、前者を「市民的公共圏」と、後者を「役割分担社会」と表現しておきたい。

人々が「より良く生きていく」ために、「市民的公共圏」から「役割分担社会」が派生し、それらの間で補完関係が成立する。ただ注意すべき点は、基本的には「役割分担社会」が「市民的公共圏」を補完するということである。その逆の「市民的公共圏」からの「役割分担社会」への補完は、前者に属する人々が後者を構成する種々の協働システムや組織の構成メンバーとして特定の役割を担うことによって果たされる。ここに、「補完関係のパラドックス」が存在し、この点が社会、特に現代社会を巡る根本的な問題でもある。さらに、留意すべきは「政治」や「市場」が、つまり「役割分担社会」が真に、また充分に「家族・個人」および「コミュニティ」、つまり「市民的公共圏」を補完し得ているかどうか、という問題である。現実には、「市場」は私的な性質であるにもかかわらず「政治」と共に「公的な領域」（政治ももはや「私化」しつつあるのではあるが）として位置づけられ、かかる性質をもつ「役割分担社会」を補完するのが「家族・個人」および「コミュニティ」などの「市民的公共圏」や「市民的社会組織」

（Civil Societal Organization、非営利組織や非政府組織など）である、と逆転した補完関係ができあがっているのではないか。それは、「役割分担社会」のなかに「市民的公共圏」や「市民的社会組織」がからめとられ、「社会」すなわち「役割分担社会」と認識することから来ているように思われる。

そして、「世界」である。それは、地政学的な「世界」のみならず、むしろそれよりも、上述した二重の「社会的なるもの」の複雑な補完関係の中で我々が生きている、アクチュアルなプロセスを意味するものとの考え方が適切であろう。このアクチュアルなプロセスの内実は、我々相互の「他者への配慮」とそれに基づく実践そのもの、と言ってよかろう。

哲学者アルフレッド・ノース・ホワイトヘッド（Alfred North Whitehead）は、「生きること」（to live）から「よく生きること」（to live well）、さらに「よりよく生きること」（to live better）の三重の衝動を生きることを「生命の技巧」（arts of life）と呼び、「世界の形成」にかかる「環境への働きかけ」を説明している。[26] 環境との交互作用によって、人々は「三重の衝動を生きること」ことになるが、それは、三重の衝動のサイクルと、それがスパイラル・アップしたプロセス、つまり上向きの循環過程を、「生命の技巧」を契機として、形成することである。「生命の技巧」は、まさに「世界」への「意味の刷り込み」、と言える。また、我々は、生きるために、「食料」を取り入れ、「生命」を繋ぐことによって、『新しさ』を創出する。[27] そこでは、「道徳」や「正当化」の必要性に対しての応答として「よりよく生きること」が志向されよう。それは、単なる生命の維持に付加された「意味の刷り込み」であり、かかる交互作用において「世界」が形成される、と言ってよい。

かかる意味での「世界」についてより具体的に理解を進めていくためには、以下の森一郎の説明が参考になる。[28]

「『世界』とは、世界内存在するこの私の住み処であると同時に、作り出され使い続けられる物たちの事物世界であり、かつ死すべき生れ出ずる者たちの共同世界である。事物世界と共同世界を織り込んで成り立っている、この私の世界は、私が生れ落ちるずっと前から、この地上に存在し続けてきたし、しばしの滞在ののち私が立ち去っても、しぶとく存立し続けるであろう。命を超えて存続する地平全体、それが世界なのである」。かかる通時的プロセスとしての世界は、その時その時の地政学的な意味での「世界」に広がる共時的プロセスを内包している。我々が生きる世界は、「事物世界」も含めた広い意味での他者との相互内在的な「意味の刷り込み」の歴史である過去と「意味の取り込み」としての未来の結合である「いま・ここ」である現在という世界である。

「意味の刷り込み」及び「意味の取り組み」は、過去への省察と未来に対する洞察により、「いま・ここ」である現在をいかに生きるか、という決断にかかわることである。かかる決断は、過去と同時に未来への応答可能性を拓くことを要請するであろう。「世界の市民」とは、上述した意味での世界を自覚的に了解し、このような決断を自覚的に引き受けることができる人、まさに世界への応答可能性を拓く人である。現在に住む「世界の市民」は、その拓きを現代社会の複雑な補完関係を理解し、かつかかる補完関係が真に成り立っているかどうかを吟味するとともに、「リスク社会・内省的近代化」の文脈の下に、かかる応答可能性を拓いていく必要がある、と言えよう。

中央教育審議会等において、「いかなる時代になろうとも」、「生きる力」を養成する必要性が、強調されている。しかしながら、それは、「いかなる時代になろうと」ではなく「いかなる職業に携わろうとも」、その時その時の社会的な問題状況を的確に把握し、その文脈の下に、「世界への応答可能性」を拓く決断を引き受けるように「生きる力」を養成しなければならない、と書き換える必要があろう。「世界の市民」として生きていくことは、もちろん、簡単なことではなく、そこには重い課題がある。多様な価値が交差する状況において、的確な決断が求められるが、そこには矛盾や葛藤、ジレンマが待ち受けている。例えば、社会の説明で述べた「補完関係のパラドックス」で示唆しようとした点であるが、企業のような特定の役割を担う「システムのために働く職業人としての役割と、システムが人類の幸福のために働くようにする人間としての役割との葛藤」(29)は、真に「世界の市民」たろうとすればするほど、避けることはできない。したがって、「世界の市民」の養成には、「役割葛藤場面についての明晰な構造分析とその解決への新鮮な洞察に基づいて、均衡の取れた総合的判断力の育成」が必要不可欠である。かかる教育のための研究も全学を挙げて取り組むことが、望まれる。

おわりに

本章では、まず、今日全国的に進められている大学教育改革について、その特徴と問題点を検討した上で、「建学の精神」と今日の歴史社会的文脈、特に「リスク社会・内省的近代化」を媒介した個性化の方向が、今後の大学教育改革の課題であることを確認した。そして、かかる視座から、今日までの桃山学院大学における「建学の精神」の具現化への歩みを、批判的に評価した。さらに、それに基づく「建学の精神」である「自由と愛の精神」の継続的な解釈と共有化の必要性を提示し、その「建学の精神」と教育の理念的目標としての「世界の市民」に関する解釈上の留意点を確認後、「世界の市民」の哲学的射程を明らかにすることを通して教育研究の課題を提起した。

提起した教育研究の課題は、「役割葛藤場面についての明晰な構造分析とその解決への新鮮な洞察に基づいて、均衡の取れた総合的判断力」に関する研究とそれに基づく教育である。実は、このような内容を想定し、一九九六年度の新カリキュラムにおいて、経営学部では組織倫理学を新設した。担当者は、一九九〇年より組織倫理学を構想し、研究を深めていた村田晴夫であったが、学長に就任（二〇〇〇年四月）した後からは筆者が今日まで担当している（二〇一五年度よりそれぞれ二単位科目、組織倫理論と企業倫理論に分割して運用している）。本稿で提起しようとしたのは、このような単一科目の設置ではなく、提起した内容を本学のカリキュラムのコンセプトとした、よりシステマティックな研究と教育の再構築である。しかし、今回は、その手順と具体的なアウトラインも示すことができていない。今後の課題である。

その課題に向けて、何が必要であろうか。それは、桃山学院大学自体が「自由と愛の精神」が現れるコミュニティになることである。そしてそのためには、「たえず過去の伝統と目指すべき未来像に照らしながら、現在の現実について考え、討論することを必要としている」[30]。

注

（1）以上刈谷に関しては、以下参照。刈谷剛彦「第六章　教育」（船橋洋一編著『検証　日本の「失われた二〇年」日本はなぜ停滞から抜け出せなかったか』東洋経済新報社、二〇一五年、一四九〜一六六頁所収）。

（2）ウルリヒ・ベック（東廉・伊藤美登里訳）『危険社会――新しい近代への道――』法政大学出版局、一九九八年（Ulrich Beck, *Risikogesellschaft: Auf dem Weg in eine andere Moderne*, Suhrkamp Verlag, 1986.）、二三一〜二三四頁、参照。

（3）Ulrich Beck, Translated by Ciaran Cronin, *World at Risk*, Polity Press, 2009（*Weltrisikogesellschaft*, Suhrkamp, 2007）. p.109. 引用のゴシック体は原文ではイタリック体。

（4）ベック、前掲書、一三〜一四頁、三一七〜三三一頁、参照。*Cf., World Risk Society*, Polity Press, 1999. pp.79-81.

（5）以後、高等教育ないし大学教育改革に関する答申は、以下を参照。
http://www.mext.go.jp/b_menu/shingi/chukyo/chukyo0/index.htm
http://www.mext.go.jp/b_menu/shingi/chukyo/chukyo4/015/index.html

（6）岩崎稔・大内裕和・西山雄二「討論　大学の未来のために」（『現代思想（特集　大学の未来）』第三七巻第一四号、二〇〇九年一一月、青土社、八六〜一一四頁所収）。大内裕和の発言、八九頁。

（7）前掲稿、西山雄二の発言、九〇頁。

（8）村上陽一郎「一般教育の意味」（『一般教育学会誌』第一八巻第二号、一九九六年一一月、三三〜三六頁所収）、三五頁。

（9）天野郁夫『大学改革を問い直す』慶應義塾大学出版会、二〇一三年、参照。特に、「第一二章　教養教育を考える」（二三三〜二四一頁）を参照。

(10) 前掲書、二三九頁。

(11) E・L・ボイヤー（喜多村和之、舘昭、伊藤彰浩訳）『アメリカの大学・カレッジ——大学教育改革への提言——』（改訂版）一九九六年、玉川大学出版部（Ernest L. Boyer, *College: The Undergraduate Experience in America*, Harper & Row, 1987.)、一一〇～一一一頁。

(12) この点は、筆者の「責任概念の再構築」の試みの中で、展開した「応答可能性のサイクル」（the cycle of responsibility）と"responsible spiral process model"の考え方に基づいている。谷口照三「責任経営の学としての経営学への視座——経営学の組織倫理学的転回——」（『環太平洋圏経営研究（桃山学院大学）』第一〇号、二〇〇九年二月、四九～八七頁所収）参照。

(13) かかる第一条を創案したのは、旧制の桃山中学第一七期卒業生であり、当時早稲田大学教授であり、兼任教授として加わる時子山常三郎であった。時子山は、創立二〇周年記念祝賀会挨拶で、以下のように述べている。「勝部［前理事長、初代学長予定者、設置準備］委員長から大学の基本方針を立てるようにとのことでしたので、後に大学の設置要項としてまとめられた方針を進言したわけですが、まず、大学設置の第一条件として『本学は基督教精神を中心として人格を陶冶し、豊かな教養を体得させ、深い専門学術を研究し、教授することにより』ととりまとめ、ついで持論でありました『世界の市民として』という新しい用語を入れて『広く国際的に活躍し得る人材を養成し、国民社会、世界文化の発展に寄与することを目的』として設置するということで、院長先生のご了承を得たのでした」。時子山常三郎「創設の趣旨を生かし前進を——創立二〇周年記念祝賀会挨拶から——」（『アンデレ（桃山学院大学同窓会誌）』第一一号、一九八〇年一〇月、三〇頁所収）。

(14) 『桃山学院一〇〇年史』、一九八七年、四四九頁。なお、以下、注をつけていない桃山学院及び桃山学院大学に関する事実は、次の文献によっている。『桃山学院年史紀要』（一九八〇年から毎年刊行）、『桃山学院一〇〇年のあゆみ』（一九八四年）、『桃山学院一〇〇年史』、『St. Andrew's: 125 Years of Educational Endeavour 桃山学院創立一二五周年記念誌』（二〇〇九年）、西口忠「大学の使命」（かつて筆者は仲間と私的な懇話会、「『建学の精神』と二一世紀型大学経営」を考える懇話会を作っていた。その第一回目の講演者が西口氏であった。これはその時のレジュメである）。

(15) 鶴井通真「三〇〇万人の大学　五一　桃山学院大学　伝統のリベラリズムに試練」（『朝日ジャーナル』第二二巻第一四号、一九八〇年四月四日、八〇～八六頁所収）。八四頁。

(16)　カリキュラム改革については、一九九七年度末のカリキュラム検討委員会準備会報告（一九九六年度カリキュラムの説明文、一九九五年一月一三日付のカリキュラム改革委員会「カリキュラム改革の概要」も含む）、一九九八年度の第一回から二〇〇二年一月の第四〇回のカリキュラム検討委員会の議事録および配布資料によっている。

(17)　一九九五年一月一三日付のカリキュラム改革委員会「カリキュラム改革の概要」。一九九五年一月一三日付のカリキュラム改革委員会「カリキュラム改革の概要」。

(18)　これは、当時共通科目の運営責任学部であった文学部の共通教育将来構想検討委員会が「二〇〇二年度発足予定の新カリキュラムについて（案）」（二〇〇〇年一〇月六日）で、問題提起され、その後各教授会及びカリキュラム検討委員会での議論を踏まえ、全学的に合意された。

(19)　第三八回カリキュラム検討委員会（二〇〇一年七月一二日）配布資料「共通教育科目の履修について」。

(20)　同前。

(21)　「祈祷〈桃山学院のため〉、（R. H. ニーバー「現代の祈り」）」『桃山学院大学卒業証書・学位記授与式』）。原語を上げておく。'God, give us grace to accept with serenity the things that cannot be changed, courage to change the things which should be changed, and the wisdom to distinguish the one from the other.'

(22)　『キリスト教論集（桃山学院大学）』第四二号、二〇〇六年三月、一～二八頁所収。本稿は、二〇〇〇年七月一九日に開催された桃山学院大学経営学部夏期拡大研修教授会での学部長としての筆者の報告「Faculty Development の理念――桃山学院大学の建学の精神と教育理念――」と二〇〇五年六月七日の桃山学院大学チャペルアワーでの筆者の報告「桃山学院大学の建学の精神と教育理念」を基礎としている。

(23)　谷口照三「『生きること』とその意味の探究への一省察――ヴァルネラビリティとサブシディアリティ概念を媒介に――」（『キリスト教論集（桃山学院大学）』第四九号、二〇一四年三月、一三三～一五七頁所収）。

(24)　*Zygmunt Bauman, The Art of Life*, Polity Press, 2008, p.122. ジグムント・バウマン（高橋良輔・開内文乃訳）『幸福論――〝生きづらい〟時代の社会学――』作品社、二〇〇九年、二三三頁。

(25)　Debal Deb. *Beyond Develop Mentality: Constructing Inclusive Freedom and Sustainability*, Earthscan, 2009, p.505.

(26)　*Cf.* A. N. Whitehead. *The Function of Reason*, Princeton University Press, 1929, p.8. ホワイトヘッド著作集第八巻『理性の機能・

象徴作用』松籟社、一九八一年、一一～一二頁、参照。

（27） *Cf.* A. N. Whitehead, *Process and Reality: An Essay in Cosmology*, Macmillan, 1929, Fee Press Paperback, 1969, pp.124-125. A・N・ホワイトヘッド（平林康之訳）『過程と実在――コスモロジーへの試論――1』みすず書房、一九八一年、一五六頁。参照。

（28） 森一郎『死を超えるもの――3/11以後の哲学の可能性――』東京大学出版会、二〇一三年、六四～六五頁、参照。

（29） 扇谷尚「高等教育における一般教育の位置づけ――一般教育と専門教育――」（『一般教育学会誌』第八巻第二号、一九八六年一一月、七五～七九頁所収）、七九頁。

（30） ロバート・N・ベラー、R・マドセン、S・M・ディプトン、W・M・サリヴァン、A・スウィドラー（島薗進、中村桂志訳）『心の習慣』みすず書房、一九九一年、三六九頁。なお、筆者は、「『世界の市民』パラダイムの可能性」において、「世界の市民」は「『異なる存在とか多様な文化が共生することを幸福と感じる社会』、つまり、『インクルーシブ・ソサエティ』…に貢献」する人であると述べたのであるが、大学自体が「インクルーシブ・ソサエティ」となる必要を、その時には明示的に語ることができていなかった。筆者は、第五七回キリスト教学校教育同盟関西地区夏期研修会（二〇一五年七月三〇～三一日）に参加した。ルース・M・グルーベル関西学院院長は、講演で、関西学院ではすでに「インクルーシブ・コミュニティ」作りに着手し、漸進的に定着しつつあることを紹介された。そこで、初めてその重要性に気づいたのである。ルース・M・グルーベル先生に、心より深く感謝したい。

参考文献

天野郁夫『大学改革を問い直す』慶應義塾大学出版会、二〇一三年。

Zygmunt Bauman, The Art of Life, Polity Press, 2008. ジグムント・バウマン著、高橋良輔・開内文乃訳『幸福論――〝生きづらい〟時代の社会学――』作品社、二〇〇九年。

ウルリヒ・ベック著、東廉・伊藤美登里訳『危険社会――新しい近代への道――』法政大学出版局、一九九八年。

Ulrich Beck, *World Risk Society*, Polity Press, 1999.

ロバート・N・ベラー、R・マドセン、S・M・ディプトン、W・M・サリヴァン、A・スウィドラー著、島薗進、中村桂志訳『心の習慣』みすず書房、一九九一年。

E・L・ボイヤー著、喜多村和之、舘昭、伊藤彰浩訳『アメリカの大学・カレッジ――大学教育改革への提言――』（改訂版）一九九六年、玉川大学出版部。

Debal Deb, *Beyond Develop Mentality: Constructing Inclusive Freedom and Sustainability*, Earthscan, 2009.

岩崎稔・大内裕和・西山雄二「討論　大学の未来のために」『現代思想』（特集　大学の未来）第三七巻第四号、二〇〇九年一一月、青土社。

刈谷剛彦「第六章　教育」、船橋洋一編著『検証　日本の「失われた二〇年」日本はなぜ停滞から抜け出せなかったか』東洋経済新報社、二〇一五年。

西口忠「大学の使命」（私的な研究会でのレジュメ）。

桃山学院『桃山学院一〇〇年史』、一九八七年。

桃山学院『桃山学院一〇〇年のあゆみ』一九八四年。

桃山学院大学「カリキュラム検討委員会準備会報告（一九九六年度カリキュラムの説明文、一九九五年一月一三日付のカリキュラム改革委員会「カリキュラム改革の概要」も含む）」、一九九七年度末。

桃山学院大学文学部共通教育将来構想検討委員会「二〇〇二年度発足予定の新カリキュラムについて（案）」、二〇〇〇年一〇月六日。

桃山学院大学「一九九八年度の第一回から二〇〇二年一月の第四〇回のカリキュラム検討委員会の議事録および配布資料」。

桃山学院『St. Andrew's: 125 Years of Educational Endeavour　桃山学院創立一二五周年記念誌』、二〇〇九年。

村上陽一郎「一般教育の意味」『一般教育学会誌』第一八巻第二号、一九九六年一一月。

扇谷尚「高等教育における一般教育の位置づけ――一般教育と専門教育――」『一般教育学会誌』第八巻第二号、一九八六年一一月。

谷口照三「『世界の市民』パラダイムの可能性――桃山学院大学の『建学の精神』の解釈と応用――」『キリスト教論集』（桃山学院大学）第四二号、二〇〇六年三月。

谷口照三「責任経営の学としての経営学への視座――経営学の組織倫理学的転回――」『環太平洋圏経営研究』（桃山学院大学）第一〇号、二〇〇九年一一月。

谷口照三「『生きること』とその意味の探究への一省察――ヴァルネラビリティとサブシディアリティ概念を媒介に――」『桃山学院大学キリスト教論集』第四九号、二〇一四年三月。

時子山常三郎「創設の趣旨を生かし前進を――創立二〇周年記念祝賀会挨拶から――」『アンデレ』（桃山学院大学同窓会誌）第一一号、一九八〇年一〇月。

靍井通真「三〇〇万人の大学　五一　桃山学院大学　伝統のリベラリズムに試練」『朝日ジャーナル』第二二巻第一四号、一九八〇年四月四日。

A. N. Whitehead, *The Function of Reason*, Princeton University Press, 1929. ホワイトヘッド著作集第八巻『理性の機能・象徴作用』松籟社、一九八一年。

A. N. Whitehead, *Process and Reality: An Essay in Cosmology*, Macmillan, 1929. Fee Press Paperback, 1969, 平林康之訳『過程と実在——コスモロジーへの試論——1』みすず書房、一九八一年。

http://www.mext.go.jp/b_menu/shingi/chukyo/chukyo0/index.htm

http://www.mext.go.jp/b_menu/shingi/chukyo/chukyo4/015/index.html

第Ⅱ部

愛の諸相

――「自由と愛の精神」の広がりと深みを求めて――

第五章

「神と人への表裏一体の愛」の検証、およびその実現に向けての考察

松平　功

はじめに

キリスト教は愛の宗教と言われているが、聖書の教える「愛」とはいかなるものであろうか。福音記者マタイによると、イエスが「『心を尽くし、精神を尽くし、思いを尽くして、あなたの神である主を愛しなさい。』これが最も重要な第一の掟である。第二も、これと同じように重要である。『隣人を自分のように愛しなさい。』律法全体と預言者は、この二つの掟に基づいている」（マタイによる福音書二二章三七節b〜四〇節）と教えたと記述している。これは、旧約聖書の申命記六章五節と、レビ記一九章一八節を組み合わせた引用であるため、ユダヤ教の教えを単に保持しただけのように誤想しがちであるが、聖書学者である辻学によると、律法の中に第一や第二の掟があるというような列挙の仕方はユダヤ教的ではないらしい。一方、マルコ福音書に記載されている上記の並行記事に関して、登場

人物である律法学者の語る『「心を尽くし、知恵を尽くし、力を尽くして神を愛し、また隣人を自分のように愛する」ということは、どんな焼き尽くす献げ物やいけにえよりも優れています』という台詞は、元々律法学者たちが口にしていた文言ではないかと、辻は推測している。そのようなことから、第一、第二と戒めを区別していたのは初期のキリスト教徒たちであって、イエス自身は隣人を愛するという戒めを第二の戒めとして説いていたわけではないと考えている(1)。

それでは、神への愛と他者への愛に順位のようなものは存在せず、どちらも同等に重要であると教えているのだろうか。もしそうであれば、神と隣人への愛はまるで一枚のコインの表裏をなすようにあるべきとも受けとめることができる。しかし、当然のことであるが、神は目に見えないどころか、五感で感じ取ることさえ不可能な存在である。そのような神を、人は他者を愛すると同じように愛することができるのだろうか。また、その逆に人間への愛を考えてみれば、目の前にいて五感で感じ取ることができたとしても、他者を自分と同じように愛することは、本当に可能なことなのだろうか。

もし、そのような愛の実践が可能なのであれば、キリスト教徒の形成する教会という共同体は、すこぶる愛に満ちたコミュニティではなかろうかと想像してしまう。そこには、争いもいがみ合いも起こるわけがないはずである。自分を愛するように他者を愛することのできる人々が集まれば、少なくとも人間関係等に関しては何の問題も生じないだろう。あえて問題があるとすれば、平和すぎて平和ボケするかもしれない、ということぐらいだろう。

しかし、不幸なことに教会内外を問わず、そのような深い愛で満たされた人物に遭遇した経験は皆無である。確かに善良で優しい人はいるが、その善良さや優しさは聖書の語る崇高な隣人愛とはかなり違っていると思えてならない。これは、キリスト教徒が人口の一％未満しか存在しないという、日本特有の現象なのだろうか。あるいは、キリスト教大国と謳われる国々に行けば、そのような人物に出会える確率は上がるのだろうか。それとも、キリスト教徒の殆どいない日本と同じように、キリスト教大国であっても聖書で語られているような愛に満たされている人々は見つからないのだろうか。そう言えば、とある先進国のキリスト教大国で黒人差別を引き金として暴動が起こり、戒厳令が発動されたことも記憶に新しい。そのように考えてみると、コルベ神父やマザー・テレサなどの博愛的行為が時代を超えて語り継がれ、キリスト教徒以外の人々にもよく知られているのは、隣人愛に満ちた倫理的模範者と呼べる彼らのような人物が稀であるからなのかもしれない。もし、稀であるとすれば、福音記者の記述している愛の掟は机上の空論に限りなく近くなるので、「キリスト教は愛の宗教」という見解には少なからず無理があると言えないだろうか。

さて、本章の目的は、上記にあるような誰もが疑問に思うであろう聖書の教える愛について、その意味と可能性を考察することである。そして、この考究においては、禅問答のような論議に陥りやすい言語学的議論や哲学的論究、および些細なことを掘り返すような追求を避け、できうる限り清廉な回答を得たいと心がけたい。また、ここで語られる内容は純粋な思惟を反映したものであり、決してキリスト教徒や教会、またキリスト教自体を批判しているわけではないことをご了承いただきたい。

第一節　神への愛

C・S・ルイスは聖書の語る神への愛と隣人愛を、神自身の恩恵によって人間に与えられた「超自然的な神自身を求める愛」と「超自然的な相互を求める愛」という二つの賜物ではないかと推察している。[2]ルイスにとって聖書の教える愛とは、超自然的な神からの恩恵であり、神と人への愛が別々の二つの賜物として分かれているものなのだ。

愛は神から与えられるという点において、ルイスがキリスト教における愛の概念を世間一般に認識されているものとは違うことを前提として、解説しようと試みていることは理解できる。しかし、彼の説明には少々疑問が残る。たとえば、「神自身を求める愛」という形容の仕方は、かなり曖昧で、しかもそれが神から与えられた恩恵であるというのであれば、その愛は神からの受動でしかなく人間からの自発的な行為や感情ではないということになってしまい、うまく把握することができない。つまり、愛の受容性と自発性という矛盾が生まれてしまうのである。ただ、神と人への愛が同じではない違った賜物という考え方には同意したい。

H・リチャード・ニーバーもこの点については、ルイスと同じように神への愛と、隣人への愛を共通の源泉を持っているにもかかわらず、決して質を同じくするものではないとして明確に区別している。しかし、ルイスがその愛を「賜物」と捉えているのとは違い、リチャード・ニーバーはそれを「徳目」であると表現する。そして、その説明として彼は、神への愛とは神への善に対する崇敬であり感謝であり、聖なる存在者への同意なのだと言う[3]。リチャード・ニーバーにとって、神への愛は人々に善を行わせる徳目であり、倫理観念の情動ともいう意味でもある。崇高な概念であって、そのような愛は、ルイスが示唆している神への愛と同じように世間一般の認識と相似しないことは明らかである。そして、両者の表現する神への愛を「賜物」として認識したり、「徳目」として捉えたりする解釈は賞揚に値するが、しかしながら、そのような表現だけでは何かが欠けていると感じるのが、率直な感想である。

キリスト教倫理学者ゲーン・アウトカもルイスやリチャード・ニーバーと同じように神と人への愛を分離して捉えている。彼は「神への愛という場合の『愛』と、隣人への愛という場合における『愛』とでは、『愛』の意味は同じではない」と言明し、さらに同じ愛という言葉の中にまったく異なった意味を認めなければならないことをも強調している[4]。彼の意見がルイスやニーバーとその考えを異にするところは、神への愛を「信仰」という言葉で置き換えることができるのではないだろうかという点である。これは、「神の愛」の場所に「信仰」を置き換えてみるというアンダース・ニーグレンの提言を紹介したもので、以下のようにニーグレンの文章を引用している。

信仰はそれ自らの中に愛の全体的献身を含むものであるが、他方においてそれは応答性をその特徴としており、それは応答的愛である。信仰は神に向かう愛であるが、そうした愛の基調は、受容的なものであって自発的なものではない。(5)

「信仰」という言葉を「神の愛」に置き換える理解のあり方は、別段新しい考え方でもなく、また「信仰」が何を意味するのかという新しい疑問や曖昧さを生み出してしまうことも明らかである。ただ、アウトカの解説は、ルイスの「神ご自身の恩恵によって人間に与えられた超自然的な神自身を求める愛」という説明を深く掘り下げる内容になっており、かつリチャード・ニーバーの「神への愛とは神への善に対する崇敬であり感謝であり、聖なる存在者への同意」という先述の解釈を補足するものでもある。アウトカは愛を倫理学的見地から解釈し、人間の愛の基礎が人間自身の創始力や持続力にあらず、神の愛が人間の愛の源泉であると位置づける。その意味において、愛を甘受する信仰の基調は受容性にあると主張するのだが、これは人間が神を源泉として受ける愛についての応答の意味を排除することではなく、その中に人間の自発性が含まれていると考えるのである。つまり、神への愛は、神からの愛の応答の積極的な要素なのである。このように考えればルイスの主張する神への愛は神からの恩恵によるという受容性と自発性の矛盾を克服することができるだろう。また、そのような議論の中でアウトカは「信仰とは神にしっかりとつかまれることであり、愛とは神に従うことである」と断言する。この叙説によって、リチャード・ニーバーのいう聖なる存在者への同意を超えた、倫理的行為としての愛の形を生み出す可能性を述べているのである。(6)

アウトカの「神への愛」を「信仰」という言葉に置き換えるという試みは、信仰という事柄が「神によってしっかりとつかまれる」ことという描写を与えている。これはセーレン・キルケゴールの祈りの中にも多分に感じ取ることのできる感性を成していると言えるだろう。キルケゴールは以下のような祈りを叙述している。

愛に富みたもう御父。私にとって何もかもうまく行かない時でも、あなたはなお愛にていまし給います。あなたが愛にていますことを常に確信することができなくても、あなたは愛にていまし給います。私がどこに行くとしても、あなたが愛にていまさなければ、何一つなすことができません。それは、あなたが愛にていますことを確く信ずることができない時でさえも、私はあなたが愛によってそのような不信仰をもお許し下さると信ずるからなのです。ああ、限りない御愛よ。

天の御父よ！　あなたへの思いが私の心に起こる時、あわてふためいて飛び廻る鳥のようにではなく、妙なる笑みを浮かべて眠りから覚めた子供のようにあらしめて下さい(7)。

このキルケゴールの美しい祈りから得ることのできる「信仰」の概念とは、幼児のように純粋な心に湧き上がる神へのまったき信頼であり、すべての事柄を神に寄り頼む心の姿勢と神の愛へのひたむきな応答なのである。その意味において、この愛の方向性は受容的であり、また、自発的であることは言うまでもあるまい。このような信仰に生きるキリスト者が多いとは言えないものの、少なくはないはずである。

また、神への愛を「信仰」という言葉に結び付ける場合に注意すべきことがある。それは、ここで述べられている信仰が、当然のことではあるが、原理主義的部類の盲信のようなものとは本質的に異なる神への純麗な真情の裏打ちだという点である。祈りは絶対に成就するであるとか、信ずることによって絶対に病が癒されるとかいったような、原理主義キリスト者がことさらに強調する盲信は「神への愛」とは別次元の話である。神にお願いごとをするための祈りを否定しているわけではないので、誤解してもらいたくはないのだが、そのような信仰形態は新興宗教的な願望信仰であって現世利益的な信仰と同列に類されるものが多い。その信仰とは神に寄り頼んでいると言うよりも、結果として神を利用したり僕のようにこき使ったりといったような失考を誘発するものであって、神への愛をテーマにした議論においては排除されるべきだろう。なぜなら、願望や切望を前提とした信仰には、殆どの場合において神への愛は皆無であるからだ。

さて、神への愛についての議論に話しを戻そう。先の考察で、目に見えない神を愛するということが、「愛」を「信仰」という言葉に置き換えて、その可能性を洞察していく場合において不可能ではないという結論に達した。神から注がれる愛が確かに神からの受容であったとしても、人間はそれを受け、その愛を信仰という形で神を信頼しつつ寄り頼むことによって、自発的にそれが可能となり得るのである。先に教会内外を問わず、深い愛で満たされた人物に遭遇した経験は皆無であると吐露したが、一方、篤い信仰の持ち主は結構な数が存在しているのではないかと感じる。信仰があるかどうかは見えるわけでもないので、実情は不明ではあるが確かにいると思う。しかしながら、もし神の愛を受けた人間が、自発的に信仰という形で神に応答できたとしても、その愛を自動的に隣人愛へと流れをシフトしたり、倫理学的行為に結び付けたりするのには困難が伴うだろう。信仰深い人間が必ずしも隣人愛に富んだ者であるかというと、必ずしもそうではないからである。

たとえば熱心なキリスト教徒にも、信仰心の篤いはずの聖職者にも離婚経験者が少なからずいることは、周知のことである。また、離婚とまではいかなくとも、婚姻関係が事実上破綻状態に陥っている家庭もあるだろう。様々な状況や複雑な問題が要因となり、悲しい結果に至ることは誰にでも起こりうることなので、彼らを非難することなど誰にもできないことは明らかである。ただ、そういった経緯は別として、どのような問題があったとしてもたったひとりの伴侶すら愛せない人間が、隣人を自分のように愛せるだろうかという疑問は残る。また、兄弟関係や親族との関係性の崩壊も同様である。身近にいる家族や親族を愛せない人間が、どのような隣人愛を示せるだろうか。飛躍した話になるが、これは他のことでも同じようなもので、倫理学者のすべてが倫理的で品行方正な生活をしているかというとかなり疑わしいと思えるし、人の病気を治したり健康への指導をしたりする医者の中にも生活習慣病を抱える者がいるだろう。論語読みの論語知らずとはよく言ったものである。

そう言うわけで、篤い信仰を持つキリスト教徒だからといっても、深い愛の持ち主であるとは限らないのである。

よいと思えることを知っているからと言っても、それを行動で現せるというわけでは決してない。隣人を自分のように愛することが、素晴らしいことであるのは小学生でもわかる。しかし、わかっていてもなかなかできるものではない。愛さなければならないのに愛せないという事実が、キリスト者を悩ませているのではないだろうか。では、そのように考えてみると、隣人を自分のように愛するという掟を、どのように捉えることができるのだろうか。その点についての議論に移ることにする。

第二節　隣人を自分のように愛する

(一)　普遍的隣人愛への変遷

実のところ、このキリスト教を代表する掟はその対象について時代による変遷を辿ってきたらしく、現代を生きる我々がこれを受ける場合、先達とは違った意味を持つ可能性がある。その違いについてはこれから辿っていくわけだが、そのように考えていくと、現代の地域社会や共同体、ひいては各個人においてさえもそれぞれに異なった教えになるのかもしれない。この掟の対象というのは、隣人への愛の規定の範囲という意味である。

さて、マタイではイエスが神への愛と隣人への愛の規定を教える形になっているが、ルカはその逆で、イエスの質問に答える形で律法の専門家が神への愛と隣人愛についての律法規定を述べている。

すると、ある律法の専門家が立ち上がり、イエスを試そうとして言った。「先生、何をしたら、永遠の命を受け継ぐことができるでしょうか。」イエスが、「律法には何と書いてあるか。あなたはそれをどう読んでいるか」と言われると、彼は答えた。「『心を尽くし、精神を尽くし、力を尽くし、思いを尽くして、あなたの神である主を愛しなさい、また、隣人を自分のように愛しなさい』とあります。」イエスは言われた。「正しい答えだ。それを実行しなさい。そうすれば命が得られる。」

（一〇章二五節～二八節）

この後、律法の専門家はイエスに「わたしの隣人とはだれですか」と尋ねるのである。これは、ルカがこの後に「善きサマリア人」の話を導入するために、律法の専門家の質問を挿入しているわけである。そして、これは当時のユダヤ教の強烈な民族主義と排他性を批判するために、隣人愛を説きながら自民族中心主義に陥っている律法の専門家にあえて語らせている台詞となっている。彼らは博愛を説きながら、ユダヤ人と他民族の混血民族と考えられていたサマリア人とは常に敵対関係にあった。隣人愛と言いながら、その実まったく実行できていないではないかという風刺的要素が込められているわけである。この問いかけは当時のユダヤ教指導者への当てこすりのように見られがちであるが、他人事ではないと思えてならない。現代に生きる我々にとっても、少々考えさせられる質問でもある。いつの時代の人間であろうと、また、キリスト教徒であろうとなかろうと、隣人愛の対象について人によっては限定的に捉えているのかもしれないからである。

実際に愛の規定の基となっているレビ記一九章で使用されている「愛」という言葉をヘブライ語聖書から考察してみると、「博愛」であるとか「人類愛」といった広い意味に使われているものではなく、イスラエル民族の共同体の倫理規定としてのものであったらしい。つまり、その共同体以外に対する愛は除外される、というよりも考えられてもいないのである。(8)隣人愛を共同体内の限定的な掟として捉えるのであれば、他者を自分のように愛することが、いくぶんは可能であるかのように感じる人もいるかもしれない。

ただ、この排他的で限定的な愛の掟は、他国によって蹂躙されることを通して方向性を変更せざるを得なくなっていった。バビロン捕囚の経験とヘレニズム文化の影響を深く受けていった紀元前四世紀頃から紀元一世紀頃の初期ユダヤ教では、外界からどのように見られるのかということを、常に気にかけなければならなかったからである。属国として自治権や祭儀許可が与えられながら、他国の主権争いに翻弄されていたその中では、排他的な民族主義に立った愛の掟は表向きにでも包括的な博愛精神へと変容させる他なかったはずである。[9]また、社会情勢に加えてヘレニズム文化からの思想面での影響力も大きな要因となっている。これは神への畏敬と他者への愛の両面の重要性を説くという、古代ギリシアからの伝統的な思想で、捕囚後のユダヤ人たちの内面に徐々にでも影響を与え続けたと考えられる。そのような歴史的背景から、初期ユダヤ教において神と隣人への愛を律法全体の要約として理解するようになっていったのだろう。この神への愛と隣人への愛の規定は、捕囚後の共同体のあり方についての理想を描いた『神聖法集』と呼ばれる規定集にも内含されている。[10]そして、この包括的な愛の思想はイエスの時代にも継承されていたのである。

しかし、排他性の隠ぺいと言えるような便宜的な意味合いもあったようで、ユダヤ教においては、やはり民族中心主義的な博愛意識が根底にあったのだろう。辻によると、初期ユダヤ教には同朋のみを隣人とする偏った考え方と、隣人愛の普遍性を唱える考え方が混在していたらしい。[11]言うまでもなく、この民族主義的隣人愛に対する批判が、「善きサマリア人」のたとえ話を語るイエスの本旨である。

一方、キリスト教はユダヤ教の普遍的な隣人愛の教えを継承していただけではなく、その教えを掟として飛躍的に進歩させた。それが「愛によって互いに仕えなさい。律法全体は、『隣人を自分のように愛しなさい』という一句によって全うされるからです」（ガラテヤの信徒への手紙五章一三節g～一四節）というパウロの律法解釈である。これはガラテヤにある教会内部の問題を前提として綴られている内容となっているのだが、ガラテヤに向けた限定的な教えとして捉える必要はない。なぜなら、他の読者に宛てた書簡にも、同じような律法理解が述べられているからである。例えば「互いに愛し合うことのほかは、だれに対しても借りがあってはなりません。人を愛する者は律法を全うしているのです。…、そのほかどんな掟があっても、『隣人を自分のように愛しなさい』という言葉に要約されます。愛は隣人に悪を行いません。だから、愛は律法を全うするものです」（ローマの信徒への手紙一三章八節～一〇節）という記述などである。それぞれの書簡によって、パウロは律法が「隣人を自分のように愛せよ」というひとつの掟の中に要約されているということと、律法が愛によって成就するのだという両方の解釈を示しているのである。チャールズ・カウザーによると、パウロの愛と律法の関係性の理解は、隣人愛が多くある徳目のうちのひとつという意味ではなく、キリストが模範として示した行為の全体であり本質なのだと言う。また、愛は律法を廃棄するのではなく、適正な解釈を提供しながらすべての人を倫理的に正しい行いに導くような包括的で幅広い意味を包含していると言う[12]。

ただ、問題はいつの時代でも受け取る側にあるようで、イエスの十字架刑後すぐの頃は排他的傾向が顕著であったらしく、使徒言行録にはユダヤ人の同朋同士でもギリシア語を使う者とヘブライ語を使う者との軋轢が示唆されている。（六章一節）また、一世紀末から二世紀初頭に書かれたと考えられているヨハネによる福音書やヨハネ書簡といった、いわゆる、ヨハネ文書においては「隣人」という言葉はまったく使用されておらず兄弟との相互の愛という言い方で互いに愛し合うことを教えている。ヨハネ文書の意図する愛の対象はパウロの導き出したような包括的なものではなく、あくまでもキリスト教徒同士の中でのそれなのである。これは当時ユダヤ教のセクトでイエス派と称されていた彼らヨハネ共同体が、神殿崩壊に伴う危機的状況に際してイスラエルのアイデンティティを脅かす集団として、ユダヤ教から敵視され排除されたことが原因なのかもしれない[13]。それと共に、イエス派のセクト同士での信仰的違いによる対立やキリスト教以外の人々からの迫害など、激動の時代の中で、彼らは包括的な隣人愛などを説けるような状況ではなかったことが伺える。

一方、包括的な隣人愛の思想が強調されていったことについて、歴史的流れから考えてみると、その理由もキリスト教の弾圧にあったのではないかと思われる。つまり、迫害などに対してヨハネ共同体とはまったく逆の反応を示したことによるのである。ネロ帝（在位五四～六八年）、デキウス帝（在位二四九～二五一年）、ディオクレティアヌス帝（在位二八四～三〇五年）のもとでキリスト教徒に対する激しい迫害が起こり、三一三年にコンスタンティヌス帝が発したミラノ勅令によって公認されるまでの二世紀半もの間、キリスト教は迫害の対象とされていた。このような迫害の中で、キリスト教徒たちは共同体内のみに限定されるヨハネ文書のような隣人愛ではなく、包括的な隣人愛を説いて回ることの重要性に気付いていったのだろう。これはユダヤ教が近隣諸国の属国として生き残りを図って、民族主義に偏った隣人愛から普遍的な隣人愛へと形だけでも移行していった図式と同様である。キリスト教もユダヤ教が行ったように包括的な隣人愛を謳い、大衆の中に支持者を得るように心がけたわけである。ただ、キリスト教の主流派としての地位を獲得するための、セクト間における闘争においては包括的な隣人愛の教えは影を潜めて、共同体内部のみの限定された兄弟愛としての思想を共有していたようである。この点においても、キリスト教はユダヤ教が内面と外面を使い分けたように臨機応変に隣人愛を閉鎖的に捉えたり、普遍的な教えとして伝えたりしていたのかもしれない。

テルトゥリアヌスやオリゲネスなどの護教論者が二世紀から三世紀にかけて政教分離の概念などを打ち出し、キリスト教がローマ法に抵触しない安全で政府に従順な宗教であることを強調していったことはよく知られている。その努力によってキリスト教徒は既存の法を侵害しないばかりではなく、各地において優良な市民として適合し、モラル意識も高いと評価されるようになっていった。(14) そのように、キリスト教を認めてもらおうと取り組んでいったその過程において「貞節」「清貧」「相互扶助」などのモラルに加えて、普遍的隣人愛という概念を提唱していったことは想像に難くない。

このようにして、隣人を自分のように愛するという掟は変遷を重ねて、キリスト教徒同士という枠組みを超えた規定として確立し、キリスト教の根幹をなす思想として一般的に受け入れられるようになった。そして、この隣人愛の動機をパウロの主張するキリストの犠牲愛の模範へと重ねていき、キリスト教徒にとっては、これが「普遍的犠牲愛」の行動規範というキリスト教独自の思想として受け継がれていくことになる。この行動規範に従い、キリスト教は「宗教を問わない無償の教育や知識の交換、世俗の国教を超えた修道会の発展、病者や貧者の救済、同業者の互助組織といった社会福祉のネットワークの原型を少しずつ作っていった」のである。[15] それとは逆に、キリスト教大国による植民地支配や戦争などといった負の側面は確かにあったが、それらは殆どの場合、支配層が政治や経済などを先行するあまり、普遍的な隣人愛という規範を棚上げにするか無視したことによるものだろう。

これについては現在においても言えることで、イスラム教をはじめとして他宗教の人々に敵対している過激なキリスト教系教派は、彼らなりの聖書解釈によって隣人愛の範囲を策定しているのだろう。彼らについては隣人愛の規定を無視したり棚上げしたりしているつもりではないようなのだが、この掟をどのように解釈しているのか定かではない。ただ、彼らの思量が十字軍時代のそれと、大きな隔たりが無いことは想像できる。また、そのような教派の存在は、隣人愛についての理解が地域社会や共同体、ひいては各個人においてさえも未だにそれぞれに異なっているということの証しといえるだろう。キリスト教にもいろいろあるわけだが、そういった排他性に深い意味や大きな重要性を感じないため、本章ではそういったキリスト者も存在すると言及するだけに止めたい。

さて、キリスト教は、植民地争奪争いや戦争などの負の面が露呈された後、いつの時代であっても、キリスト教史を見れば隣人愛の掟に立ち返るために聖職者などの信仰心の篤いキリスト教徒が必ず現れ、内部改革や刷新、そして進路的な変更を繰り返し行ってきたのも事実である。[16]

しかしながら、そのようにキリスト教が隣人愛という行動規範に対する努力を、全人類を対象として積み重ねてきたとはいえ、それらは結果論として社会状況をより良くするというシステム化の構築であったわけで、それを働きかけていった個々人に自分のように他者を愛するほどの深い愛があったのかどうかを認識できるかというと疑わしい。例えば、ミッション系の社会福祉施設で働くキリスト教徒の職員であっても、隣人愛の掟をまっとうすることを念頭に置いているわけではないだろう。皆無であるとは言い切れないが、今までそのような人物と出会ったことは無い。システム化された社会制度の中での行動規範に従うことと、隣人愛を保持してそれを行っていることとは別次元のことなのである。

（二）普遍的隣人愛の解釈

さて、何度も述べているように、隣人愛の掟は旧約聖書のレビ記一九章一八節から引用されていて、新共同訳聖書では「自分自身を愛するように隣人を愛しなさい」と訳されている。これを原語のヘブライ語で見た場合、わずか三語しか使用されておらず直訳すると「あなたは愛しなさい。あなたの隣人に対して。あなたのように」となり、これらの三語を組み合わせて訳出していることになる。聖書学者山我哲雄によると「隣人に対して」という意味は「隣人に対して友好的な態度で振る舞う」というぐらいの意味であって「隣人を愛する」という意味とするには強すぎるし、また、「あなたのように」という文言も「自分自身を愛するように」というような、深い意味に訳出できるものではないらしい。[17]しかし、ヘブライ語からギリシア語に訳した七十人訳で「隣人を愛しなさい」と訳出してしまったようである。「愛する」ことにおいて、友好的な態度を振る舞う程度の意味であったものが原型だと考えるなら、「自分を愛するように」というその愛についての自己愛の「エロス」と博愛の「アガペー」との関係性だとかといった議論は、糸の切れた凧のようにどこかに消え去ってしまうかもしれない。辻によるとこの点について、マルティン・ブーバーの「隣人が自分と等しい者である」[18]と意味する解釈に賛同し、社会の中で疎外されている人々に対して憐れみある振る舞いをするように規定されているという見地に立つ人も多いようである。[19]

上記のように、隣人愛をその掟の原型から模索することも大いに意味深いことではあるが、それのみでキリスト教の他者への愛の意味や、その可能性を判断するのは早計だろう。実際に紀元前四世紀頃から紀元一世紀頃の初期ユダヤ教では、すでに神への畏敬と他者への愛という並列した戒めを重視する価値観は存在していたのである。そして、イエスの時代にはすでに定着していた可能性の高い重要概念であって、先述したようにそれが律法の精神を要約する表現でもあった。この思想的流れを無視するかのように、元の掟の意味に逆戻りさせただけで終わるのは乱雑でしかない。また、隣人が自分と等しい者であるという解釈も素晴らしいが、それだけの理解であるならヒューマニズムの世界を超えたものにはならないだろう。別な言い方をすれば、そこには神と人間への表裏一体の愛を掟として追及させるような、神秘性が欠落しているとしか思えないのである。

(三)　普遍的隣人愛の神秘性とその可能性

キリスト教の要である普遍的隣人愛とは、「隣人に対して友好的な態度で振る舞う」という程度の意味で解釈できる側面もあるが、そのような平等主義的な心の姿勢だけを説いているわけでもない。キリスト教は信徒になったら「襟を正して生きていこう」というような人間本位の宗教ではなく、全生涯を神に頼り委ねるという神本位の宗教である。その意味において、キリスト教の求める愛の掟は理性的でありながら神秘的でもあるはずだ。その神秘性は、キリスト者としての営みにおいて、神との関係性を求める中で育まれていくものなのかもしれない。このことについてキリスト教倫理学者S・H・フランクリンは、神の愛に応答することが、神秘的な方法でキリスト教の教える隣人愛に不可分に結びつけられていると考える。フランクリンは神の愛がキリストの十字架での犠牲によって示され、その愛に応答することが神を信仰し、また信頼することであるとしている。これはアウトカが神への愛を「信仰」と言い換えた見解と相似していることがわかる。ただ、フランクリンは、隣人愛については神に対する信仰をもった時点で、その愛が始動しているというのである。[20] これは本当なのだろうか。この隣人愛についての神秘性を、ルイスは「超自然的な相互を求める愛」と表現したが、これをフランクリンの説明で受け取るのなら、神を愛し信仰し、信頼した時点で、その超自然的な隣人愛は始まるということなのだろうか。これは、キリスト教徒になれば深い愛を自動的に持てるということなのだろうか。それともそのように受け取るのは早合点だろうか。このような概念を考究する場合、キルケゴールの著述から深い洞察を得られるかもしれない。キルケゴールは神への愛と隣人愛との関係性を、神を「中間規定」と銘打って以下のように書き表している。

この世の知恵は、愛は人と人との間の関係であると考えるのに対して、キリスト教は、愛は人と神との関係であること、いいかえれば、神が中間規定であることを教えるのである。…神を愛するということは、ほんとうに自己自身を愛するということであり、ある人が神を愛するようにその人の助けになるということが、その人を愛するということであり、自分が神を愛するように他の人から援助されるということが、愛せられるということであるからである。[21]

つまり、隣人愛とは人間と人間の間に神を挟んだ関係性の中で育まれる、神秘的な営みということである。キリストが十字架で犠牲となり自分の罪を贖ってくれたという神の愛の啓示への応答は、神への信仰と信頼によるが、その信仰と相対的に自己愛や隣人愛が繋がるのだという。その繋がりとして、神が愛の「中間規定」となるのである。そういう意味において隣人愛は、キリストによる贖罪と並列に捉えられるものでもある。そのように考えるのであれば、神に対する信仰をもった時点で、隣人愛が始動しているとするフランクリンの意見は、曖昧ではあるものの一定の理解を得られるのかもしれない。

神学者近藤勝彦は、「十字架に血を流したキリストの犠牲によって、人間の罪は克服され、赦され、キリストのものとされると共に、聖霊の果実として愛する力が与えられていることを信じて、受け入れる」と語る。さらに彼は、「キリスト者の愛は、イエス・キリストにおける神の自己犠牲の愛が創造的な力を持っていることを信じ、そこに委ねる信仰による愛である」と述べる[22]。自分の罪が神に赦されたという神の愛の享受が、自己の信仰によるものであるのと同じように、隣人愛も聖霊の果実として与えられると信じることに始まるという要略である。その思想の中心点であり、「中間規定」となるのが神であり、それゆえにキリスト教において、神の神秘的な力添えなしには隣人愛を実現することができないのである。

この神秘性の問題点は、本当にキリスト者が体験し得る信仰的営みであるのか、あるいは単なる理想としての観念に留まってしまうのかというところにある。近藤が言うように聖霊の果実として隣人愛が与えられると信じたとしても、その果実は現実世界での愛ある行動に寄与しているのかというと、正直なところ心許ない。罪が赦されることについては、受け身ということもあって比較的受容しやすいが、他者を愛するということは単なる心の姿勢などではなく、行為を伴うものでもあるからかなかなか難しく感じる。隣人愛についての思想を、単なる空想としての観念であるとは決して捉えているわけではないが、本当に実行できるものなのだろうかと疑心暗鬼になる。ただ信じるだけで、聖霊の果実は隣人愛を実現可能とするのだろうか。あるいは、隣人愛の実践における神秘性とはルドルフ・オットーが提唱した「ヌミノーゼ体験」のようなものなのだろうか[23]。また、それがヌミノーゼ体験であろうがなかろうが、そのような神秘的な側面についても、多くの人間にとって実感できるものではないはずで、神秘的な範疇に己を置くその方法すら不明である。信じるだけのはずはないだろうというのが、率直な気持ちである。そこで、隣人愛の是非を問うよりも前に、神秘性が一体どのようなものであり、どのように得ることができるのかを知る必要がある。ノーベル生理学・医学賞を受賞したアレキシス・カレルは、神学者ではないが、神秘主義について鋭い明察を持って以下のように著している。

神秘主義は、その最高の段階ではきわめて精密な技術、厳しい規律を含んでいる。第一に、禁欲の実行である。肉体的訓練を受けなければ運動選手になれないように、禁欲に対する覚悟がなくては、神秘の領域に足を踏み入れることはできない。禁欲主義に入ることは難しい。そのために、あえて神秘への道を進もうという勇気のある人はほとんどいないのだ。この辛くて困難な旅に出ようというものは、この世のすべてのものばかりか、ついには自分までも放棄しなければならない。そして長い間、霊的な闇の中で過ごさねばならないかもしれない。神の恩寵を求め、自分がいかに下劣でそれに値しないものであるかを悔い改めているうちに、彼の五官は浄化されてくる。これが神秘生活の最初であり、暗い段階である。そして、だんだん自分自身から乳離れするように進歩していく。彼の祈りは瞑想になり、明るい悟りの生活へと変わっていく。…その心は空間と時間を離脱しており、言い表せないあるものを把握している。ついに、神と一体になる生命の段階に達するのである。彼の心は神とともにあり、それにしたがって行動する。

偉大な神秘主義者の生涯は、すべて同じ過程を経ている。彼らが自分の経験について語るままを、われわれは受け容れねばならない。自分でも祈りの生活を送ったことのある者だけが、その不思議さを理解できる。神を追い求めることは、まったく個人的な事柄である。意識の通常の活動を鍛えて、物質の世界に内在しながらそれを超越している、目に見えない真実に到達しようと努力してもよいであろう。これは、人間があえて成しうる最も大胆不敵な冒険に身を投じることである。英雄とみられるかもしれないし、狂人と思われるかもしれない。しかし、だれもその神秘的な体験が真実であり高い真実を結合したのか、と尋ねるべきではない。そのような経験に関しては、作業仮説的な概念を持つだけで満足しなければならない。神秘主義は素晴らしく気前がよい。それは人間の最高の欲求をかなえてくれるのだ。内的な力、精神的光明、神の愛、言い表せないほどの心の平和などを与えてくれるのである。宗教的直観は、美的霊感と同じように真実である。人間を超越した美について深く思いをめぐらすことによって、神秘家と詩人は究極的真実に到達するのかも知れないのだ。(24)

カレルの神秘主義に関する説明は、隣人愛を与える聖霊の果実に見るような神秘性とは同列ではないという所感もあるかもしれない。しかし、フランクリンが隣人愛の実践については多くのキリスト者にとって、霊的経験の最高の瞬間においてのみ起こり得ると述べていることから。(25) 霊性を高めるという観点でいえば、まったく関係がないとは言い切れないのも事実だろう。また、隣人愛の追及の方法が違うという意見もあるかもしれないが、隣人愛が神秘主義者の追い求める多くあるもののひとつにすぎないとすれば、方法論における論議は無益である。

カレルは上記の神秘主義の説明に加えて、近代の教会は「神秘主義を排除した。その意味すらも忘れ去られてしまっている。このような無知が、おそらく教会を堕落させたのである。しかし、宗教の力は神秘的活動の焦点の置きどころいかんによって決まるのであり、そこでこそ、その宗教の生命は絶えず成長するのである」[26]と、教会を批判しながらキリスト者の神秘的生活の必要性を訴えるのである。キリスト教会の落潮という点においては、カレルの主張に心持ち賛同はできるが、その志向性が中世偏重型すぎるのか、あるいは己の内面が汚れすぎているせいか、ついていけない感覚は否めない。ただ言えることは、カレルの訴えの通り、多くの教会は神秘主義から遠退いていったが、隣人愛を排除することはなかったし、むしろ強調していったということである。また、カレル自身は一貫して神秘的活動の困難さを書き表しているわけで、その上で神秘主義的生き方の必要性を迫られたとしても、いったいどれ程の人間がそのような苦しい生き方を完遂できるだろうかということも疑問となる。キリスト教の求める愛の掟が神秘的なものだと概念的には認識でき、また、おぼろげにでも感取できるのだがそれを修得できるかどうかについては皆目見当がつかない。この神秘性の修得に関して、宗教社会学者ピーター・L・バーガーは自らについては無理だとしながらも、以下のように推奨する。

世の中には「善の象徴」と言うべき人々がいる。キリスト教の伝統では、そのような人物を「聖人」と呼ぶことがある。世の中には、いかに不完全に終わろうとも、なお「聖人」になりたいと志す人々がいるのである。…われわれの大半はアリョーシャにはなれないが、なかにはそうなるように召命を受けた人もあるだろう。そのような生き方は、世俗にどっぷりつかって世事に手を汚している普通の人より優れている、と決めてかかる必要はない。だがそれは非常に尊い召命ともなり得るのである[27]。

このように神秘性の追求は尊いことではあるが、非常に難しいことなのである。さて、この神秘的活動の困難さを直接示しているわけではないが、ラインホールド・ニーバーは隣人愛という課題について、自らのジレンマを以下のように吐露している。

わけのわかった人は、自分の道徳的目標を、キリストとアリストテレスの間、愛の倫理と中庸の倫理の間のあたりにおいている。私の立場にはアリストテレスのものよりはもっとキリストのものがあると私は信じそう望んでいるのだが、そのことについてはそんなに確かではない[28]。

彼のこの歯痒さが、後にラインホールド・ニーバーの言葉として有名になる“the impossible possible”、「不可能の可能性」という概念に発展していくことになる[29]。この言葉からラインホールド・ニーバーは、人間からすれば不可能であったとしても神の恵みとして与えられている愛の可能性があるのだと主張している。確かに神による愛の可能性を信じることは不可避である。神秘的営みとして、その経験を享受できなかったとしても必要だろう。また、できないからと言って、愛することを単純に不可能であるとみなすべきではない。なぜなら、隣人愛の掟を断念することによって倫理的に無気力になり、愛する努力を回避してしまうような弊害が生じてしまうからである。これは、隣人愛を人間の容易な可能性の中にあるとみなすという意味ではなく、可能性があると信じつつ歩み続けるキリストにある信仰的な生き様の推奨である。しかし、できないことをできると信じつつ生き続けるというのは、非常に心苦しいことでもある。

（四）　別の視点から希求する普遍的隣人愛

それでは、ラインホールド・ニーバーがその心中にありながら、あまり歓迎しているようには思えないアリストテレス的な愛の徳目とはいったい何だろうか。また、そのような別の視点から、キリスト教にある隣人愛を求めることが可能となるのだろうか。始めにこのラインホールド・ニーバーの境地について、非常に的を射た説明をキリスト教倫理学者スタンレー・ハワーワスが、以下のように叙述している。

キルケゴールからアウトカまでのキリスト教思想家は、いわゆるアガペーという「キリスト教的愛」の間に、彼らがあると考えた緊張関係に苦労してきた。この緊張関係の背後には次のような前提がある。つまり、フィリアの関係かアガペーの関係か、どちらかに二者択一的に参加する（入ることを選択する）孤立したキリスト教的自己がいるということである。[30]

「フィリア」とは、ギリシア語でアリストテレスが追い求めるべき卓越性として打ち出した「親愛」や「友情」を指す「愛」のことである。例えば、アリストテレスは『ニコマコス倫理学』の中で、以下のように「フィリア」について言及している。

愛されることをひとびとが悦ぶのは、愛されるということそれ自身のゆえでなくてはならない。尊敬されるということよりも愛されることのほうがよりよきことであるゆえんであり、愛（フィリア）というものが即自的に好ましきものと考えられるべきゆえんもそこに存している。ところで、愛というものは、愛されることよりも、むしろ愛することに存すると考えられる。…愛はむしろ愛するということに存するのであってみれば、そして『友を愛するひとびと』は賞賛されるのであってみれば、親愛なひとびとの卓越性（アレテー）なるものは、愛するということにあるように思われる。…あしきことがらを相手から要望することもなければ、そういうことがらを相手かたに施すこともなく、むしろそれを妨げるたちのひとびとなのである。事実、自らも過ちを犯さず親愛なひとたちにも犯させないのが善きひとびとたる特徴をなしている。[31]

このように、アリストテレスは「フィリア」という「親愛」の卓越性を求めるという「善」について言及しているわけだが、実は、その目的とするところが「人間の幸福」なのである。卓越性の報償として幸福が「神与」されるとするその視点は、キリスト教の隣人愛の掟とは、かけ離れた概念であると言えないだろうか。[32] キリスト教の強調する愛は無償の犠牲愛だからである。これについては、ハワーワスも美徳としてのつながりを完全に否定する必要がないとしつつも、「愛という有力なキリスト教的美徳は、明らかにアリストテレスとは関係がない。したがって、私たちは、アリストテレスの美徳からはじめられないし、そのキリスト教徒のギャップを埋められるわけでもない」し、「それを土台にすべきでないと信じる。この二つのことは、まったく違ったことである」と述べている。さらに、ハワーワスはキリスト教の愛という美徳が平和を目的として秩序付けられているのに対して、ギリシア的美徳が戦争に向けて秩序付けられていると説明しており、結論としてキリストの愛を土台とする以外で、別の視点から普遍的隣人愛を希求することの不可能性を示唆している。[33]

おわりに

神学者平林孝裕は「今日、愛の危機、『愛することの』不可能性が叫ばれている」と警鐘を鳴らしている。[34] しかし、この傾向は現実的な視点を持って、純粋に愛の掟と向き合っているという前向きなしるしであると考えることができれば、悲観的な意味のみで受け取るべきではないのかもしれない。近藤は自己犠牲的な愛を「容易に可能とみなすことは、人間に対する安易な幻想を抱くことを意味し、事実的な根拠を欠いた非現実的欺瞞に陥ることになる」と慎重になるよう喚起を促している。[35] 隣人を自分のように愛せるのかどうかは、その困難さを受け入れながらの入念な吟味を必要とするのである。神を愛するということは、神の愛を受け入れ神を信じ信頼するという受容と自発的行為の一体性の中で可能と言えるが、他者を愛するということは、その清廉さを認識することが可能であっても、それを倫理的行為として簡単に示せるものではない。これを簡単にできると言ってしまえば、近藤が言うように慢心でしかない。

他方、愛することの不可能性を断言するのは不信仰となる。キリストが十字架にかかり全人類の罪を贖ったという、神の愛の啓示は信仰によって受容され、キルケゴールが言うように神を中間規定として隣人への愛に繋がっていく。そういう意味においてキリストによる贖罪と隣人愛は並列しているものなのである。その信条を鑑みれば隣人を愛せないと断言する場合、中間規定となっているキリストの贖罪も否認することに繋がるだろう。つまり、その否定は安直な言い回しではあるが不信仰なのである。

また、神を中間規定とする思想は愛の掟を神秘的な営みへと誘う。しかし、この神秘性の追求が誰にでもできるような事象でないことは明らかで、そこから悄然として愛することの不可能性に真正面に向き合うこととなる。そして、愛の掟を非現実的な観念論で終わらせてはならないという心情が、キリスト教以外の視点から普遍的隣人愛を希求させる。しかし、そこで本質的な回答を得られることはなく、そこには神の愛も神秘性も存在することはない。そこにあるのは無味乾燥の人道主義のみである。これについて、近藤は「『人間みな兄弟』とか『人間同朋主義』といったヒューマニズムの標語は、甘い欺瞞を含んでおり、人間の罪の現実に直面して通用するものではない」と手厳しい(36)。

さて、近藤もハワーワスも愛が教会という共同体によって育まれるとしているが、本当にそうなのだろうか。近藤は、「神の愛の交わりにあずかることは、御言葉とサクラメントによって支えられ、またキリスト者相互の信仰の交わりによっても支えられる。その意味で『キリスト者の徳』としての愛は、『徳の共同体』の中で育まれる」と主張している。[37] そして、ハワーワスも同じように「キリスト教的美徳の注入のしるしと実質は、常にキリストの身体への参加である。これは、私たちの洗礼と聖餐のサクラメントを受けること、それだけでなくキリスト教会の日毎の実践に集中することである。…それがいまや教会のなかにある」と述べている。[38] 確かに御言葉とサクラメントという、キリスト教会に特有な典礼は、キリストの身体への参加を感じさせる機会として大きな意義がある。しかし、現実的に見て彼らが評価している愛を育むという共同体は、その機能を果たせているのかどうか非常に疑問である。

日本のキリスト教人口は著しく少なく、その規模はとても小さい。人数が少なくても、規模が小さくても愛を育むことに共同体としての支障はないという意見もあるだろう。しかし、共同体の多くは、その存続の危機に直面していて、信徒獲得と教会成長のみに重点を置く傾向の顕著な教会が少なくない。そういった教会の多くは神の愛を語ることはあっても、普遍的隣人愛を行為によって示そうとする余裕などないのが現状なのだろう。それはまるで、存続するための存在である。そのような状況下にあって、もしかすると教会共同体の存在意義が、時代の流れと共に変容しているのか、あるいは健全な共同体として立ちゆかなくなっているのかもしれない。また、余談ではあるが信徒獲得に躍起になっている教会の多くは、何をやっても空振りで結果を出せてはいない。なぜなら、若者を惹き付けるような魅力のある教会が稀だからである。教会共同体が愛を育むのかどうかについて、その答えは今のところ現実に成し得ていない希望であり理想でしかないと言えよう。隣人を自分と同じように愛するということは、ラインホールド・ニーバーが言うように、まさに「不可能の可能性」なのである。

しかし、ここで愛の掟の不可能性を結論とする必要はない。他者を自分のように愛することができるか否かという問いかけに、実は大きな意味はない。むしろ、その掟の存在と困難さに意味がある。言い換えてみれば、なぜ、自分は他者を愛せないのかと自問し葛藤させるところに、本質的な愛の掟の意味がある。他者を愛するということが、キリストの贖罪による神の愛の啓示と並列であると何度も訴えたが、これがキリスト者の認知上の転換に繋がり、普遍的隣人愛の必要性を認識させ、そしてその愛の必要性を認知させるのである。人を愛せない自分を垣間見た時に、キリストの十字架で啓示された神の愛の崇高さを痛切に感じるからである。バーガーは「信仰は、現実認識の転換をもたらす」と語る。(39)これは、自分に向けられた神の愛を享受した者に対して、普遍的隣人愛というだけではなく、その他の倫理観に変化をもたらす認知的転換を含意する。つまり、道徳的判断のすべてが、神の愛を受け入れる以前までとは異なった存在論的な理解をもつことになるということである。そして、「神への信仰はあらゆる道徳的な判断と行為の存在論的な基礎となり、これに超越的意味を与える」ようになる。(40)そこでの最も大切な事柄は、隣人愛が神への愛と繋がっているということである。キリストの犠牲愛を認知した者は、パウロの目から鱗が落ちたように他者を愛するという重要性に目が開かれるのである。隣人愛が可能か不可能かという問いかけではなく、神に愛されているという奉謝が人を愛することに存在論的意義を持たせ、それに伴う倫理的認識の転換と超越的意味の保持が重要なのである。その行為の困難性が示しているのは、罪が赦されるのと同様に、人を愛せるということが神による奇跡的なものということであろう。このような意味を通して「神と人への表裏一体の愛」は認識されるべきである。また、この理解を基礎として、キリストの犠牲愛を想起しつつ「超自然的な相互を求める愛」を可能としていければと願う次第である。

注

（1）辻学『隣人愛のはじまり　聖書学的考察』（新教出版社、二〇一〇年）、二四〜二九頁。
（2）C・Sルイス『四つの愛　C・S・ルイス宗教著作集二』（蛭沼寿雄訳、信教出版社、一九七七年）、一七四〜一八四頁。
（3）H・リチャード・ニーバー『キリスト教と文化』（赤城泰訳、日本基督教出版局、一九六七年）、三七〜三八頁。
（4）ゲーン・アウトカ『アガペー　愛についての倫理学的研究』（茂泉昭男、佐々木勝彦、佐藤司郎訳、教文館、一九九九年）、五九頁。
（5）前掲書、六〇頁。

（6）前掲書、六二～六四頁。
（7）ゼーレン・キルケゴール『神への思い　祈りと断章』（松倉功編訳、新教出版社、一九五八年）、一一、三二頁。
（8）水野隆一「ヘブライ語聖書は『愛』を知っているか　物語における『愛』」、『愛を考える　キリスト教の視点から』」（平林孝裕編、関西学院大学共同研究「愛の研究」プロジェクト編、七～二八頁所収、関西学院大学出版会、二〇〇七年）、二三頁。
（9）マルティン・ノート『イスラエル史』（樋口進訳、日本基督教団出版局、一九八三年）、四二一～四五四頁。
（10）水野、二二頁。
（11）辻、七四頁。
（12）チャールズ・B・カウザー『現代聖書注解　ガラテヤの信徒への手紙』（扇田幹夫訳、日本基督教団出版局、一九八七年）、二〇九～二一二頁。
（13）村上静『宗教の倒錯―ユダヤ教・イエス・キリスト教』（岩波書店、二〇〇八年）、二八四～二八八頁。
（14）竹下節子『キリスト教の真実―西洋近代をもたらした宗教思想』（ちくま新書、二〇一二年）、四〇～四五頁。
（15）前掲書、一八頁。
（16）前掲書、一八～一九頁。
（17）『〈旧約聖書Ⅱ〉出エジプト記　レビ記』（山我哲雄、木幡藤子訳、岩波書店、二〇〇〇年）、三三一～三三二頁。
（18）マルティン・ブーバー『我と汝・対話』（植田重雄訳、岩波書店、一九七九年）、一二八～一三一頁。ブーバーは人間同士の関係性を重視し、「われ―なんじ」という全人格的な呼びかけによって、関係性の完全な出会いが起こるなら、彼らが関係性の中にあるばかりではなく、責任を持って答え合えるようになり、これにおいてのみ失われることのない現実として、愛することと愛されることが存在するようになると言う。
（19）辻、四四～四八頁。
（20）S・Hフランクリン『キリスト教社会倫理概説　キリスト者の社会実践への道』（大木英夫訳、日本基督教団出版部、一九六四年）、一六〇～一六一頁。
（21）ゼーレン・キルケゴール『キルケゴール著作集十五　愛のわざ　第一部』（武藤一雄、芦津丈夫訳、白水社、一九六四年）、一七九頁。
（22）近藤勝彦『キリスト教倫理学』（教文館、二〇〇九年）、四三七頁。

(23) ルドルフ・オットー『聖なるもの』（久松英二訳、岩波文庫、二〇一〇年）、一一五～一二〇頁、一八三～一八五頁。オットーは宗教を「聖なるものの体験」と定義し、その「聖なるもの」との出会いによって受ける心的変革を「ヌミノーゼ体験」と指摘する。
(24) アレキシス・カレル『人間　この未知なるもの』（渡部昇一訳、三笠書房、一九九四年）、一六一～一六二頁。
(25) フランクリン、一六二頁。フランクリンは、ラインホールド・ニーバーの意見を引用しながらその神秘的隣人愛を語っている。
(26) カレル、一六〇頁。
(27) ピーター・L・バーガー『現代人はキリスト教を信じられるか　懐疑と信仰のはざまで』（森本あんり、篠原和子訳、教文館、二〇〇九年）、二七七頁。バーガーの言う「アリョーシャ」とは、ドストエフスキーの『カラマーゾフの兄弟』の登場人物のひとりで、憎悪し合う歪んだ家族に荒れ狂う悪を贖おうとした若い修道僧のことである。
(28) ラインホールド・ニーバー『教会と社会の間で』（古屋安雄訳、信教出版社、一九七一年）、一三九頁。
(29) Reinhold Niebuhr, An Interpretation of Christian Ethics (New York, Westminster John Knox Press, 2013 (1935), p.110.
(30) スタンレー・ハワーワス、チャールズ・ピンチス『美徳の中のキリスト者　美徳の倫理学と神学的対話』（東方敬信訳、教文館、一九九七年）、一三三～一三四頁。
(31) アリストテレス『ニコマコス倫理学（下）』（高田三郎訳、岩波文庫、一九七三年）、一一一～一一三頁。
(32) 前掲書（上）、四九～五一頁。
(33) ハワーワス、一一三頁。
(34) 平林孝裕「《神への愛》と《隣人愛》　カール・バルトにおける《自己愛》をめぐって」、『愛を考える　キリスト教の視点から』（平林孝裕編、関西学院大学共同研究「愛の研究」プロジェクト編、一八一～二〇六頁所収、関西学院大学出版会、二〇〇七年）、二〇四頁。
(35) 近藤『キリスト教倫理学』、四三三～四三四頁。
(36) 前掲書、四三四頁。
(37) 前掲書、四三七頁。
(38) ハワーワス、一一五頁。
(39) バーガー、二四五頁。
(40) 前掲書、二七六～二七七頁。

参考文献

アウトカ、ゲーン『アガペー　愛についての倫理学的研究』茂泉昭男、佐々木勝彦、佐藤司郎訳、教文館、一九九九年。

アリストテレス『ニコマコス倫理学』高田三郎訳、岩波文庫、二〇一〇年（一九七三年）。

オットー、ルドルフ『聖なるもの』久松英二訳、岩波文庫、二〇一〇年。

カウザー、チャールズ・B『現代聖書注解　ガラテヤの信徒への手紙』扇田幹夫訳、日本基督教団出版局、一九八七年。

カレル、アレキシス『人間　この未知なるもの』渡部昇一訳、三笠書房、二〇〇四年（一九九四年）。

キルケゴール、ゼーレン『神への思い　祈りと断章』松倉功編訳、新教出版社、一九五八年。

キルケゴール、ゼーレン『キルケゴール著作集十五　愛のわざ　第一部』武藤一雄、芦津丈夫訳、白水社、一九六四年。

近藤勝彦『キリスト教倫理学』教文館、二〇〇九年。

竹下節子『キリスト教の真実——西洋近代をもたらした宗教思想』ちくま新書、二〇一二年。

辻学『隣人愛のはじまり　聖書学的考察』新教出版社、二〇一〇年。

ニーバー、H・リチャード『キリスト教と文化』赤城泰訳、日本基督教出版局、一九六七年。

ニーバー、ラインホールド『教会と社会の間で』古屋安雄訳、信教出版社、一九七一年。

ノート、マルティン『イスラエル史』樋口進訳、日本基督教団出版局、一九八三年。

バーガー、ピーター・L『現代人はキリスト教を信じられるか　懐疑と信仰のはざまで』森本あんり、篠原和子訳、教文館、二〇〇九年。

ハワーワス、スタンレー、チャールズ・ピンチス『美徳の中のキリスト者　美徳の倫理学と神学的対話』東方敬信訳、教文館、一九九七年。

平林孝裕「《神への愛》と《隣人愛》カール・バルトにおける《自己愛》をめぐって」、『愛を考える　キリスト教の視点から』平林孝裕編、関西学院大学共同研究「愛の研究」プロジェクト編、一八一～二〇六頁所収、関西学院大学出版会、二〇〇七年。

フランクリン、S・H『キリスト教社会倫理概説　キリスト者の社会実践への道』大木英夫訳、日本基督教団出版部、一九六四年。

マルティン・ブーバー『我と汝・対話』植田重雄訳、岩波書店、一九七九年。

水野隆一「ヘブライ語聖書は『愛』を知っているか　物語における『愛』」、『愛を考える　キリスト教の視点から』」平林孝裕編、関西学院大学共同研究「愛の研究」プロジェクト編、七～二八頁所収、関西学院大学出版会、二〇〇七年。

村上静『宗教の倒錯——ユダヤ教・イエス・キリスト教』岩波書店、二〇〇八年。

山我哲雄、木幡藤子訳『〈旧約聖書Ⅱ〉出エジプト記　レビ記』岩波書店、二〇〇九年。

ルイス、C・S『四つの愛　C・Sルイス宗教著作集2』蛭沼寿雄訳、信教出版社、一九八七年（一九七七年）。

Niebuhr, Reinhold, *An Interpretation of Christian Ethics*, New York, Westminster John Knox Press, 2013 (1935).

第六章

愛の概念と「相関」の方法
――ティリッヒ神学におけるアガペーとエロース――

石川　明人

はじめに

本章ではティリッヒにおける「愛」の概念、特に、アガペーとエロースの関係について考察する。その二つの関係は、ティリッヒの「愛」の理解の特徴的部分であると同時に、彼の神学体系の構造ないし原理を象徴するものであり、とりわけその最も基本的な方法論である「相関の方法」と重ね合わせて考察することが可能かつ重要だと考えられる。以下では、まずティリッヒ神学における宗教と哲学の関係を見ることによってアガペーとエロースの関係を推測する。そして次に「相関の方法」に目を向け、同じ点をティリッヒの神学的原理との連関で考察した上で、彼が直接「愛」の概念について触れている部分を分析し、アガペーとエロースの関係を整理することにしたい。

第一節　ティリッヒ神学の構造とアガペー・エロース関係

ティリッヒ神学の体系[1]において重要なのは、宗教と存在論的哲学が相互に密接な関係をもっていることである。彼によれば、神とはわれわれが日常目にする存在物のうちの最高位に君臨するものではなく、あらゆる個々の存在物を存在せしめているような、より根源的なものと考えられねばならない。よってそれは「存在それ自体」(being itself) といった言葉でしか表現しえないとされる。神を「存在それ自体」といった言葉でしか表現しえないということは、逆に考えれば、「存在」というものについて考えることなしには神学はいかなる意味で神が存在するのかも説明しえないということである。したがって神学には必然的に存在論的問いが含まれるという。また、信仰とは「究極的関心」(ultimate concern) によって捉えられた状態とされる。われわれの存在と意味との根底であるもののみがわれわれに究極的に関わりうるがゆえに、信仰とはわれわれの実存がどこから来てどこへ行くかということについての関心でもある。よって信仰には、あからさまに問われるかどうかは別として、必ず理性による存在論的問いが含まれると考えられる。だが存在論的問いが「信仰」の中に入り込むと、それは理性の力、すなわち「疑い」でもって、信仰を破壊するように思われるかもしれない。しかしティリッヒによれば、信仰と懐疑は本質的に矛盾するものではなく、信仰とはそれとそれ自身のうちにある疑いとの絶えざる緊張に他ならない。彼は次のように述べている。

信仰は無制約的な何ものかについての直接的意識と、不確かさの危険を引き受ける勇気との両者を含んでいる。信仰は「否」の不安にもかかわらず「然り」という。それは疑いの「否」と疑いの不安とを除去しない。それは疑いから解放された安全の城を築かない――ただ神経症的に歪曲された信仰のみがそのような城を築くのである――むしろ信仰は疑いの「否」と不安定性の不安とを自分の上に引き受ける。信仰はそれ自身とそれ自身についての疑いとを包含する。つまり信仰は、それ自身と根本的疑いを前提とした存在論的問いとから成っている(2)

宗教はこうした意味で存在論的哲学と不可分であると考えられている。しかしそれは宗教の方が一方的に存在論的哲学を必要としているという関係を意味するのではなく、存在論的哲学もまた宗教を求めるという相関的関係にある。その点を理解するには、ティリッヒが存在論をいかなるものとして捉えているかが重要となるのであるが、存在論とは、彼においては、存在するすべてのものを越えて究極的なリアリティーを問うことだとされている。ここでティリッヒはしばしば次のようなレトリックを用いる。問いを問うということは、その問うところのものを持っていないからこそ問うのであり、また同時に、問うところのものを部分的には持っているからこそ、そもそも問うことができるのだ、というもの、つまり、人は何かを問うとき、その問うところのものを持っていると同時に、また持っていないのだ、というものである。すると、存在の問題について問うのなら、人は自分の問うところの存在について、持っていると同時に持っていないということになる。すなわちわれわれは存在に属していると同時に、それを十分に所有していない。ティリッヒはこうして、人間を存在と非存在の混合物として捉える。そして人が自らをこうした存在と非存在の混合物と自覚しながら、「何ゆえに何ものかが存在し、無があるのでないのか」という存在についての根本的な問いを真剣に出しうるならば、その人は思想的にはすでにこの世界のすべての所与を超越した次元にいると考えられるというのである。この「存在」についての根本的問いは、プラトン、アリストテレスからハイデガーに至る西洋哲学の根本問題であることはいうまでもなく、彼らはいずれも「存在者が存在する」ということを不思議だと思い、それに驚き、それゆえに「存在」ということの根本的な意味を問おうとした。つまり「存在」という事柄に対する大きな驚きが、いわば哲学という営みの動機であったということもできる。そうした点とくらべるなら、ティリッヒの思想は「存在」についての驚きを、宗教的次元の事柄として捉えるところに決定的な特色があるといえる。ティリッヒの考えでは、存在そのものについての根本的な問いは、冷静な観察や分析から現れるのではなく、実存的関心の事柄として、宗教的な次元において立ち現れてくるような問題なのである。そのような意味で、存在論的問いは啓示的体験を前提とし、宗教的エクスタシーの状態の中で見出されるのと同じ「究極的なもの」に触れる問いであるとされる。存在そのものという究極的なリアリティーについての問いは、人間存在全体から抽象された理論的な興味からではなく、「存在」それ自体に対する実存的問い、驚き、衝撃と、人間の理性、合理性との類まれな結合によって生み出されたものだと彼は考える。「哲学の根底性は、宗教の無制約性と同様に本質的に脱自的（ekstatisch）である」[3]ともいっているように、存在論的哲学の動機には、所与の教理を信じるという信仰ではないが、究極的なものに捉えられた状態としての信仰が確かにあるのだと考えられているのである。このような文脈でティリッヒは次のように述べている。

パスカルに抗して私はいう。アブラハムの神、イサクの神、ヤコブの神と、哲学者たちの神とは同一の神である。彼は一人の人格であると同時に、また一人の人格としての彼自身の否定である[4]

ここで彼が「哲学者たちの神」というのは、今述べたような、存在論的問いの背後にあると彼が考えるところの宗教的次元ないし信仰を支えるものを指しているのであり、要するにここでは、キリスト教における聖書の人格神とそうした意味での哲学的な神概念との同一性を主張しているのである。キリスト教はその人格主義的要素ゆえに存在論と総合する試みを排除するように思われるが、しかしティリッヒによれば、それぞれは自己を表現するために他の側を必要とするのであり、両者を分離させることはできない。

ティリッヒ神学が「存在論的神学」であるというのは以上のような見解に基づいて神学体系が構築されているか

らに他ならないが、誤解してはならないのは、彼の神学における存在論的哲学は決して伝統的キリスト教を非神話化するための道具として用いられているわけではないということである。ハイデガーは哲学と神学との間に絶対的な差異を考え、神学は単に自己の学問性を顧慮するときだけ哲学を必要とするにすぎないとした。つまり神学を「矯正」するものとして哲学を考えた(5)。ティリッヒにおける「存在論」もしばしばそうした位置づけのものと誤解され、ティリッヒ神学は世俗化の時代にあってキリスト教の使信を哲学的に翻訳することでその弁証論を試みたものだと解釈されることがある。だがそうした理解は、ティリッヒの主張のうち、宗教が存在論を求めるという点は押さえていても存在論の側もまた宗教的経験を前提としているという点を見落としている。彼の考えによれば、究極的なものに捉えられるという宗教的脱自の経験なくして存在論はなく、存在論的問い、および理性との葛藤なくして信仰はないのである。両者は確かに完全に同一のものではないが、それでも統一的な地平のもとで把握されねばならないというのがティリッヒの立場である。

では、宗教と存在論的哲学とのこのような関係づけが、アガペーとエロースの関係づけに対してどのような意味を持つのだろうか。ティリッヒにおいてアガペーとは言うまでもなく新約聖書における「愛」に他ならず、また一方エロースはプラトン的な意味で理解されている。一般にエロースは恋愛や性愛の意味で用いられることも多いが、ティリッヒにおいてはそうした内容は持たず、むしろエロースは哲学的な愛、すなわち、実在のすべての層を貫いて魂を真理そのもの、美そのもの、善そのものの探求へと駆りたてる力と解されている。そうであるならば、ティリッヒにおけるアガペーとエロースの関係は、彼の神学体系の構造、すなわち宗教と哲学の関係づけからある程度必然的に決定しうると考えられないだろうか。宗教――キリスト教――は当然アガペーとしての愛を要求し、また与える。だが同時に、ティリッヒのいうところの存在論は、エロースとしての情熱によって遂行される。ティリッヒの神学は、見てきたように、宗教と存在論とが不可分であるという点に決定的な意味を持っている。もし彼が、アガペーはただひたすら神的な愛でありキリスト教における唯一真の愛であるとし、一方エロースは性的な愛であり、また自己中心的な愛であり、よって非キリスト教的な愛であるとしてアガペーとエロースを対立させるならば、それぞれが属している宗教と存在論的哲学との積極的な関係は見られないことになるであろう。つまり、ティリッヒ神学の内部でアガペーとエロースの関係が単純な対立図式で理解されるならば、そのような「愛」の理解は彼の神学体系の構造自体と矛盾することになってしまうはずである。

確かにアガペーとエロースを同一視することは無理であろう。しかし、一方はキリスト教的愛であり他方は非キリスト教的愛だというような対立図式で捉えるわけにもいかない。ではティリッヒはアガペーとエロースをどのように関係づけて「愛」概念を理解しているのであろうか。この点を見きわめるために、次に彼の神学体系の方法論である「相関の方法」とあわせてこの問題を考えてみたい。

第二節　「相関の方法」とアガペー・エロース関係

ティリッヒは自らの神学を構想する上で、まず、ケリュグマの超越的要素を内在化して究極的答えを人間存在の分析そのものから導き出そうとする自然主義的神学を退け、また同時に、ケリュグマを受け取る一切の人間的可能性を排除するような傾向を持ちうる超自然主義的神学をも退ける。ティリッヒの神学的企図は、これらどちらに偏ることも避けること、すなわちケリュグマの超越性を保存しつつ、同時にそれと人間の歴史的実存との関係を問いと答えの関係において捉えることとして設定される。彼の神学は、神学の基礎となる永遠の真理と、その永遠の真理を受け取る時代状況という二つの極の間を往復する動態として存立する。そしてそれを可能にするのが、実存的「問い」と神学的「答え」を相互に関連づける「相関の方法」(method of correlation) である。「実存的問いが生じる人間の状況の分析を行い、キリスト教のメッセージに用いられる象徴がこれらの問いに対する答えであることを論証する」[6]こと、つまり、宗教的象徴（ケリュグマ）を人間の実存（状況）に含まれる問いに対する答えとして解釈していくのが「相関の方法」という神学的原理である。

そしてここで徹底されるのは、その「相関」における「問い」が哲学に限定されていることである。つまり哲学に対しては、相関の方法における一方の極である「問い」を分析し定式化するという特殊な役割が与えられるのである。その哲学とは具体的には存在論的哲学なのであるが、なぜそのように考えられているかというと、その神学体系の前提にすでにひとつの人間学があるからである。それは、前に述べたように、人間は存在と非存在の混合物――つまり有限な存在――であり、自らの存在の意味を問わざるをえないものだとする人間理解である。そうした思惟の枠組みでは、多くの人間的諸問題が存在と非存在の葛藤に関わるもの、すなわち「有限的存在の意識」を基礎に考えられ、人間は二重の自己意識を持つものと理解される。有限な存在は、一方では非存在の脅威の下にあり、それは「不安」として自覚されるが、しかし他方、有限な存在は非存在の脅威にもかかわらず存在しており、それは不安を克服する「勇気」として自覚される。つまり存在かつ非存在という性質は、常に「勇気」と「不安」という二重の意識のもとにあることになる。そしてティリッヒによれば、ここで人間はその不安を克服する勇気を可能にするような根拠についての問いへと駆り立てられるというのである。彼は「神に関する問いは勇気の可能性に関する問いである」[7]とも述べており、自己の存在の根拠や意味への問いは「存在への勇気」(courage to be) を求めるものとされ、神に関する問いとパラレルに理解されるのである。換言すれば、人間の神への問いは人間存在の有限性に基礎づけられているのであり、有限性の分析が神の問いを理解する鍵となる。有限性を自覚した人間がその不安にありながら存在の根拠を求めるという人間本質の理解は、神に関する問いは人間存在における本質的な可能性だということ、つまり人間はすべて潜在的には宗教的だという理解にもつながる。「神の存在は存在それ自体である」というティリッヒのテーゼは、あらゆる存在と意味とを根拠づける存在の力ないし存在の根底という神の質を表している。神がある一存在ではなく「存在それ自体」であるというのは、それが有限の存在するものを超越し、同時に存在するものに非存在を克服する力を与え、不安を克服する勇気の根底となることを意味する。したがって「神の存在は存在それ自体である」というテーゼは、こうした常に非存在の脅威のうちにある存在という人間理解に基づく「問い」と、永遠の使信に基づく「答え」との相関という神学的方法論を前提にしてこそ理解可能になる。ただし、ティリッヒの神論においては存在自体としての神（普遍性）だけでなく、それと同時に、生ける人格としての神（具体性）が考えられねばならないのであり、この両極を維持するのが彼の神学的目標なのだということは付け加えておかねばならない。彼によれば、キリスト教神学はそれが絶対的に普遍的なものと絶対的に具体的なものとの緊張に基づく限りにおいて真の神学だとされるのである(8)。

ではこうしたティリッヒ神学の基本的スタイルを念頭に置いた上で、あらためてアガペーとエロースの関係を振り返ってみよう。前節では、宗教と存在論的哲学とが不可分であるという彼の思想の骨格から鑑みて、アガペーとエロースを同一視することは当然できないが、またたからといって二つを分離したり対立図式で捉えたりすることもできない、という消極的な角度からのみその関係性が推測された。では次に問われるのは、積極的にはどう理解できるのかということであろう。結論を先取りすれば、ティリッヒにおけるアガペーとエロースの関係は、彼の神学体系における哲学的問いと神学的答えの「相関の方法」と同様に、相関的関係として理解される。

彼の神学体系（組織神学）は、人間の実存中に含まれるもろもろの問いを定式化し、またその問いに導かれて、神の自己啓示に含まれた答えを定式化するものであり、全体としては「問い」と「答え」が分かたれない動的な円環となる。その場合「問い」と「答え」は決して同一のものではないが、かといって分離することも対立することもない。そうしたケリュグマと状況の関係性が「相関関係」と呼ばれる。それはケリュグマと状況のどちらか一方を偏重して他方を軽視する神学的方法がはらむ問題に対するティリッヒ流の解決策であり、また同時に彼の人間理解の結果でもあった。彼は次のように述べている。

「存在」という言葉は、人間実在の全体、すなわち実存の構造、意味、目的を意味する。この全体が脅かされ、そのすべてが失われまた救われ得るのである。人間はその存在と意味について究極的関心を持っている。この意味における「存在か非存在か」がまた究極的、無制約的、全体的、無限的な関心の事柄である。人間は、彼がそれに属し、それから分離し、またそれに憧れる無限に対して無限の関心を持っている。人間は、彼の真の存在でありかつ時間空間の中に分裂させられているその全体に対して、大いなる関心を持っている(9)

このような人間理解に基づいて、「われわれにとって存在か非存在かに関する事柄となりうる限りにおいて対象を取り扱う命題のみが神学的」(10)だとされるのである。ティリッヒがエロースの概念を決して単なる性愛や恋愛としてではなく、むしろプラトン的に真理そのもの、善そのもの、美そのものへと向かっていく駆動力といった意味で理解していることはすでに述べたが、そうであるならば、こうした存在の根拠、あるいはわれわれの存在か非存在かを決するところのものに対する哲学的関心とは、エロースによって駆りたてられると考えられるであろう。そしてそうした「存在それ自体」についての問いには、アガペーに基礎づけられたケリュグマが答える。つまり相関の方法における「問い」と「答え」の両極に、それぞれエロースとアガペーが位置付けられるはずである。ティリッヒは人間について次のようにいう。

人間であることは、自分自身の存在を問うこと、そしてこの問いに与えられた答えの衝撃のもとに生きることを意味する。また逆に、人間であることは、自分自身の存在についての問いに対する答えを受け取り、そしてその答えの衝撃のもとに問

いを問うことを意味する(11)

こうした人間理解は同時に最も根本的な神学的原理であることはいうまでもない。つまり答えなしには問いは空虚であるが、問いがなければ答えもありえず、両者の相関的な動態が、全体として神学を形づくる。それと同様に、エロースとアガペーも相関的に関係づけられてこそ愛を愛たらしめ、全体としてのみ意味をもちうる。二つは同一のものではないが、分離されるものでも対立図式で理解されるものでもない。ティリッヒにおけるアガペー・エロース関係の積極的な理解は、存在論的哲学の状況分析（「問い」）とケリュグマの解釈（「答え」）との動態、すなわち「相関の方法」という彼の神学的原理と重ね合わせるかたちで可能になるであろう。ではこのようなティリッヒ解釈が厳密に妥当であるかどうかの確認として、彼が直接「愛」の概念について論じている箇所を見ることにしたい。

第三節　愛の概念とアガペー、エロースの位置付け

ティリッヒが「愛」の概念についてやや詳細に論じているところでまず重要なのは、彼は愛という概念の類型的区別に反対しているということである。彼は愛について考える上で、アガペー、エロース、フィリアなどをそれぞれ異なる愛の種類として分類することに異議を唱える。だがそれは、それらの言葉を不必要なものとして退けるということではない。彼の主張は、アガペー、エロース、フィリアなどを愛の「種類」（types）と考えるべきではないというものであり、むしろそれらを愛の「質」（qualities）と理解すべきだというものである。ティリッヒは次のように述べている。

最近の議論は、愛の様々な質に注意を向けたという点で、有益であった。しかし、愛にはいろいろな質（qualities）があるということを、愛にはいろいろな種類（types）があると考えた限りにおいて、それは誤っていた[12]

この「種類」ではなく「質」だという点は、微妙なようではあるがティリッヒにおいては決定的な違いである。彼は「愛」は一つであるということにこだわりつづける。ティリッヒはエロースを性的な意味ではなくもっぱらプラトン的意味で理解しているということは繰り返し述べているとおりだが、エロースはいわゆる彼の文化神学構想においても重要な意味を持つ。彼によれば、文化的創造物やその諸様式の背後には必ずその時代の究極的関心の要素が表れているのであり、文化の中の一見極めて世俗的に見えるものを神学的に考察する力は、彼の考えるところのエロースとしての情熱によって生まれ、維持される。したがって、エロースとしての愛を軽視する神学者は文化の価値を軽視しているのだ、とも述べている。美的なものに対するエロースなくして聖礼典的表現もありえず、真理へのエロースなくしては神学という営みも成立しない。人間の、文化の神的根源に向かっていくという欲望なしには、神への愛も成り立たなくなる、とティリッヒはいう。つまりアガペーに至上の価値を置くキリスト教思想の内部で、彼は十分にエロースの価値を強調している。では、結局アガペーとエロースの位置付けはどう考えられていることになるのだろうか。アガペー、エロース、フィリアがそれぞれ異なる愛の種類ではなく愛の「質」だとされ、かつ多くの箇所でエロースの意義が述べられると、アガペーとエロースの二つは少なくとも同列に並べられているように解釈できる。新約聖書にはエロースの語は一度も無くもっぱらアガペーの語が用いられているにもかかわらず、エロースにもアガペーと同等の地位が与えられているということになりそうである。しかしティリッヒの議論は慎重である。彼はエロースの意義を主張するだけでなく、次のようにアガペーの重要性を強調することも忘れない。

アガペーを、愛の深み（the depth of love）、あるいは生の根底との関連における愛と呼ぶことができるかもしれない。またアガペーにおいて究極的リアリティーは自らを現し、生と愛とを変革するのだともいえるかもしれない。ちょうど啓示が理性の中に入り込んでくる理性であるように、また神の言葉がすべての言葉の中に入り込んでくる言葉であるように、アガペーは愛の中に入り込んでくる愛なのである[13]

ティリッヒはアガペーやエロース[14]を愛の質として一体的に捉えることを主張する一方で、このように明らかに、アガペーに対して愛の諸性質における統制的な役割も与えているのである。一見両立しがたいように見えるこうした彼の主張をもう少し細かく見てみよう。

ティリッヒは『組織神学』で、「神は愛である。そして神は存在それ自体であるから、存在それ自体は愛であるといわなければならない」[15]と述べており、また倫理学的著作では、「愛」は人間的実存の諸問題に対する終極的解答だとされている。例えば『愛・力・正義』などでは、愛は「分離されているものを再統合へと駆りたて駆動力」と定義されるのであるが、それは、人間を今ある実存的状況から本質的あり方へと向かわせる力であるといったことを意味している。彼によれば、人間は運命と死の不安、空虚と無意味の不安、罪責と断罪の不安などに常に脅かされているのであり、そうしたことは存在論的に、有限な存在である人間が非存在の脅威の下にあることとして定式化される。そこで愛は、そのような本来的あり方から分離した実存的状況下にある人間を、再び本質的状況へ再統合させる力だと理解されるのである。つまり存在の本質的要素と実存的要素の超越的結合に駆り立てるものが「愛」だというわけである。生とは現実化されている存在であり、愛はその生を動かしている力なのだ、とも述べている。生そのものの中に、それなしでは生が成り立たないところの生の構成要素として愛がある。ティリッヒは、「愛は最もラディカルな仕方で分離した存在である個的人格を再び結び合わすことができるのであり、それが愛の達成であってまた愛の勝利である。個的人格は、最も分離された存在であり、同時に最も力強い愛の担い手なのである」[16]という。

また『愛・力・正義』という題名からもわかるように、愛の概念は「力」や「正義」の概念との連関でも議論される。「愛」はすでに述べたように分離されているものを再統合へと駆りたてる駆動力と規定され、「力」とは存在が内なるまた外なる否定性に抗して自己主張する可能性、すなわち無を克服する可能性だとされる。そして「正義」は、その再統合の動きに対する適切な形式、すなわち愛の形式だと位置付けられる。三つは互いに結びついた形で理解されるのである。力は「無を克服する可能性」だが、再統合の愛が大であればあるほど、そこではより大きな無が克服されていることになる。したがって分離から再統合へ至るということと、無をそれ自身の中に取り入れて否定性を克服するということは同じことであり、力の基本形式と愛の基本形式とは同一であるという。しかし問題は、力が無の脅かしに抗してそれ自身を現実化するところのものであるなら、そこには「強制」の要素が伴うということである。「力」が「強制」の要素を持つ場合、力と愛はいかに結合可能なのであろうか。「強制」の要素を警戒するあまり、愛のために力を排斥しようとすることがある一方、力を必要とするために愛を排斥することもある。しかしここでティリッヒは、強制的要素を持つ力と愛との結合の可能性を探る。そして彼は、愛の「本来のわざ」と対になる愛の「他なるわざ」(strange work)という理念を用いて、この点を解決しようとするのである。愛は強制的な力によって愛に逆らうものを破壊しなければならない。つまり愛はある人の中にある愛に反するものを滅ぼすことによって、彼を救いかつ完成にいたらしめようとする。そうした「強制」が愛の「他なるわざ」に他ならないという[17]。しかしその「他なるわざ」が、実存的状況下にある人間の本質的状態への再結合のためでなく、権力維持の手段といった形で歪曲されてしまうことがある。それを防ぐのが「正義」だとティリッヒはいう。「愛」はその「他なるわざ」を「正義」に従って遂行するのであり、その正義なしには存在の「力」は混沌に屈してしまう。よって、正義とは力と力の出会いの中で存在の力がそれ自身を実現するところの形式、つまり再統合する愛の「形式」だとされるのである。

このようにティリッヒにおいては、愛の概念は力や正義といった概念と連関したかたちでも理解されねばならない。だがそもそも愛を意味するギリシャ語にはアガペー、エロース、フィリア、リビドーなどいくつもの語がある。ティリッヒはそれらをそれぞれ「霊の創造」「価値への憧憬」「友情」「欲求」などと特徴づけると同時に、これらすべてを「愛」（love, Liebe）と訳すことを正当化する一致点があると考え、それが「分離されているものを再統合へと駆りたてる力」だとする。この意味において愛は一つだとされるわけである。しかし前に述べたように、愛は一つとされながらも、アガペーの質には他の質に対する統制的な位置が与えられている。ティリッヒはリビドーとしての愛を「求めを満たすものに向かう求めるもの（the needy）の運動」、フィリアとしての愛を「同等のものとの結合に向かう同等のものの運動」、エロースとしての愛を「力と意味とにおいて低いものから高いものに向かう運動」と規定する[18]。これらいずれにおいても「欲求」という要素が存在しているが、彼によれば、そうした欲求は被造的生命の本質的性格であるから善に矛盾するものではない。だがこうしたものを超越した愛もまた存在するのであり、それがアガペーだとされるのである。アガペーは他者を無制約的に肯定し、その性質の高低や快不快を考慮しない。いわば無条件的な愛の質なのである。これは次のように説明される。

アガペー以外の愛はすべて可変的部分的な偶然的性格に依存している。それは嫌悪と魅惑、情熱と共感とに依存している。アガペーはこうした状態から独立している。アガペーは無制約的に、すなわち、その性質の高低、快不快に依らないで他者を肯定する。アガペーは愛するものと愛されるものを、その両者について神が懐く完成像のゆえに結合する。それゆえアガペーは普遍的である[19]。

エロースその他は選択的差別的な愛であり、またアガペーはそれを決して否定することはないが、それらを解放純化し、普遍的な愛へと引き上げるのだと考えるのである。そうした意味で、アガペーは「愛の基準」であり「愛の宗教的要素を表す質」だといわれる。

しかしそれでもアガペー的質とエロース的質とが完全に分離することはないという点は重要である。ティリッヒによれば、人間同士のアガペーと神の人間に対するアガペーとは、一方が他方の根拠であるから互いに呼応するが、それに対して、人間は神を、神が人間を愛するようには愛することができない。なぜなら、人は神を「にもかかわらず」の形で、つまり赦しにおいて神を愛するのではないからである。神に対する人の愛は、より低きものからより高きものへ、より低い善から高い善への高揚を含んでいるのであって、それは基本的にエロースの性質のものである。そのように考える限り、愛を考える上ではアガペーとエロースを明確に分離することはできないことになる。アガペーとエロースとの間に絶対的な対立がたてられるなら、アガペーは神との関係においてのみならず人間との関係においても単なる道徳的概念に還元され、またエロースも単なる性的な欲求という方向に世俗化されるのだとティリッヒはいう。彼によれば真の文化とは神的内実を持つものであり、エロースとはまさにそうした文化創造へと駆りたてる駆動力となる。文化はその根底に宗教的次元ないし究極的リアリティーを持つものであるが、しかし時にそうした究極性を失って、単なる美的享楽に陥ることもある。そうした転化を防ぐのがアガペーなのだ、とも述べている。また時に人間は、神への愛を、ただ単に自らよりはるかに大いなるものに対して恐れ従うというような消極的態度にしてしまう。だがその中にエロースの要素があれば、自ら神へ向かうという積極的態度を維持することができる、といった主旨のことも述べている。そうした文脈で「究極的善へのエロースなくして神への愛は存在しない」[20]ともいっており、エロースはキリスト教的には、アガペーの基準のもとで神への愛を創造するところの愛の一要素だとされるのである。

このように、愛の概念について直接議論されている箇所を見ても、やはりアガペーとエロースは分離されても対立させられてもおらず、相互に連関する中でこそ意味を持つものと考えられていることが読み取れる。このような両概念の関係は、やはり前節で見たように、ティリッヒの神学全体の構造および方法とあわせて「相関的」と特徴づけることができるであろう。

おわりに

ティリッヒは愛の概念について直接論じる中で、一方ではアガペーとエロースの分離を否定しつつ、他方ではアガペーの普遍性を主張するのであり、その同一ではないが分離もできないという両者の関係は一見難解であった。しかしこれは矛盾や曖昧さではなく、彼の神学的方法と平行して考えれば十分理解可能となる。つまり存在論的哲学の「問い」とケリュグマの「答え」の動的な「相関」によって彼の神学体系が成り立たされているのと同様に、愛が愛であるには、常にアガペーの質とエロースの質が相関的に関わり合う動きがなければならないのである。愛の概念はキリスト教思想の中核であり、それをめぐる議論はさまざまな問題と複雑さを持つ[21]。多くの思想家も、厳密には単純なアガペーの重視とエロースの軽視という図式で「愛」概念を捉えているわけではないが、ティリッヒによる相関的と呼びうるアガペーとエロースの関係づけも、キリスト教における愛の理解の一つの試みとして再考する価値があるだろう。

注

(1)　ティリッヒはその生涯において主に二つの体系構想を持っていた。本章では、特に後期になって『組織神学』を中心に具体化された体系を念頭に議論する。彼の体系構想に関する詳細については、芦名定道『ティリッヒと弁証神学の挑戦』(創文社、一九九五年)を参照。

（2）Paul Tillich, *Biblical Religion and the Search for Ultimate Reality*,（in: Tillich Main Works/Hauptwerke, vol.4, Walter de Gruyter, 1987）p.379. ティリッヒの著作には白水社の『ティリッヒ著作集』（一九七八年～一九八〇年）、新教出版社の『組織神学』（一九六九年～一九九〇年）などの邦訳があり本章でもそれらを参照したが、引用の際の訳はすべて私訳による。

（3）Tillich, "Philosophie und Religion",（in: ibid.）p.245.

（4）*Biblical Religion and the Search for Ultimate Reality*, p.388.

（5）cf. Martin Heidegger, *Phänomenologie und Theologie*, 1970.（『現象学と神学』ハイデッガー選集二八、理想社、一九八一年）

（6）Tillich, *Systematic Theology*, vol.1,（University of Chicago Press, 1951）p.62.

（7）ibid., p.198.

（8）cf. *Systematic Theology*, vol.1, p.16.

（9）ibid., p.14.

（10）ibid., p.14.

（11）ibid., p.62.

（12）Tillich, *Love, Power, and Justice*,（in: Tillich Main Works/Hauptwerke, vol.3, Walter de Gruyter, 1998）p.597.

（13）ibid., p.599.

（14）ティリッヒはしばしば「エロース」の語を、愛の「アガペー」以外の質すべてを包括した意味で用いていることにも注意する必要がある。cf. *Systematic Theology*, vol.3,（University of Chicago Press, 1963）p.137, 240.

（15）*Systematic Theology*, vol.1, p.279.

（16）*Love, Power, and Justice*, p.596.

（17）ティリッヒは同様の点について次のようにも述べている。「断罪は愛の否定ではなく愛の否定の否定である。断罪は愛の行為であり、それなしでは非存在が存在に打ち勝ってしまうであろう」（*Systematic Theology*, vol.1, p.283.）

（18）ibid., p.280.

（19）ibid., p.280.

（20）Tillich, *Morality and Beyond*.（in: Tillich Main Works/Hauptwerke, vol.3, Walter de Gruyter, 1998）p.669.

（21）キリスト教における愛の概念を考察したものとしてはA・ニグレンの『アガペーとエロース』が有名であるが、彼の議論はモティーフ研究と呼ばれる独自の方法論に基づくものであり（ルンド神学）、いわゆる思想史研究とはやや異なるものとして捉える必要がある。また最近のまとまった研究としてはG. Outka の *Agape: An Ethical Analysis*, Yale University Press, 1972（G・アウトカ著『アガペー　愛についての倫理学的研究』茂泉、佐々木、佐藤訳、教文館、一九九九年）がある。これは主にニグレン以降の愛に関する議論を詳細に検討したものだが、ティリッヒへの言及は少ない。

※　本章は、『哲学』三八号（北海道大学哲学会編、二〇〇二年）に掲載された論文の再録である。

参考文献

Paul Tillich, *Systematic Theology, vol.1*,（University of Chicago Press, 1951）

Paul Tillich, *Tillich Main Works/Hauptwerke, vol.4*,（Walter de Gruyter, 1987）

Paul Tillich, *Tillich Main Works/Hauptwerke, vol.3*,（Walter de Gruyter, 1998）

G. Outka, *Agape: An Ethical Analysis*, Yale University Press, 1972.（G・アウトカ著『アガペー　愛についての倫理学的研究』茂泉、佐々木、佐藤訳、教文館、一九九九年）

芦名定道『ティリッヒと弁証神学の挑戦』（創文社、一九九五年）

第七章

キルケゴールにおける自由と愛の問題

伊藤　潔志

はじめに

建学の精神とは、ある種の理想を示したもので、それぞれの私学の教育理念や教育目的としての機能を果たしている。したがって、そこからは理想の教育の在り方、あるいは理想の人間像・社会像などを読み取ることができる。桃山学院大学は、建学の精神を「キリスト教精神」とし、さらにそれを「自由と愛の精神」と言い換えている。ただし、「自由」や「愛」という言葉自体は、これといって奇異な言葉ではない。それぞれの概念に何かしらの意義を与えることは、さほど難しい作業ではないだろう。したがって求められるのは、それぞれの概念のより深層に迫った議論である。

「勝手気ままな自由は許されない」という言葉が、日常的に聞かれる。これに対しては、さしあたって次のような回答が考えられるだろう。一つは、「自由は、他人に迷惑をかけない限りで認められる」というもので、いわゆる「他者危害の原則」に基づく回答である。また、「自由には責任が伴う」という、「自己責任論」に基づく答え方もあるだろう。これらはいずれも、個人主義・自由主義に由来する考え方で、自由にある種の制限を設けることによって、社会的な不都合を回避しようとしている。ここで自由の価値は、条件（制限）つきで認められていると言ってよい。

これに対して、「自由には無条件で価値がある」という立場をとることもできる。この際、他人に迷惑をかけるような「自由」や無責任な「自由」は、真の自由ではないという理由で斥けられる。もちろん、これは定義の問題であって、自由の意味を広くとるか、狭くとるかの違いでしかない。しかし、建学の精神に自由が掲げられている以上、そこにおける自由は狭義の自由と解するべきだろう。そして広義の「自由」は、建学の精神の望むところではない、と考えることになる。

このように自由の意味を厳格に捉えようとすると、真の自由と偽の「自由」とをどのように区別するのかが問題となる。建学の精神における自由と自分勝手な「自由」とを分かつ際に注目したいのが、愛である。自由は個人に関する価値で、愛は他者との関係における価値である。ときに自由は、我儘な「自由」に堕ちてしまう。それに対して愛は、自由が「自由」に堕することを阻止する。そうすると、建学の精神である「自由と愛の精神」は、「愛が伴っている自由こそが真の自由なのだ」と言っていると解釈することができるだろう。

こうした自由と愛との関係は、主体性と社会性との関係と同じ構造を持っている。すなわち、自分勝手な「主体性」は真の主体性ではなく社会性を伴う主体性こそが真の主体性なのだ、と言うことができるだろう。本章では、建学の精神において「自由と愛の精神」が「キリスト教精神」であることを受け、キルケゴール（Søren Aabye Kierkegaard, 1813-1855）の宗教思想に注目し、キルケゴール思想における社会性の問題を隣人愛（Næstekærlighed）の観点から考察したい。

ところで、単独者（den Enkelt）概念に代表されるキルケゴールの思想は、しばしば「非社会的な思想である」という批判に晒されてきた[1]。キリスト教思想家であるキルケゴールが非社会的な思想を持っていたとは思えないのだが、キルケゴール思想の核心が主体性にあることは事実である。しかしこのことは、本稿の問題関心からすればむしろ好都合である。というのも、キルケゴールにおいて社会性は隣人愛によって裏づけられており、それゆえキルケゴールにおける隣人愛からは、自己の主体性・単独性を最大限に尊重することを前提とした社会性、あるいは自由を最大限認めながらも放埒な「自由」に陥らせない愛を見いだすことができると思われるからである。

このような問題意識から、本章では次のように議論を進めたい。まず第一節では、キルケゴールにおける隣人愛を特徴づける義務（Pligt）と良心（Samvittighed）とを通して、キルケゴールにおける隣人愛の特質を明らかにする。そして第二節では、キルケゴール思想の社会性を際立たせるため、カント（Immanuel Kant, 1724-1804）における義務と良心とを取り上げる。そして、両者の隣人愛についての理解を比較することで、キルケゴールにおける隣人愛の意義を明らかにしたい。

第一節　キルケゴールにおける義務と良心

（一）自己愛と隣人愛

キルケゴールにおいて、自他関係は隣人愛によって保証されている[2]。ここでは、キルケゴールにおける隣人愛を、『愛の業（*KierlighedensGjerninger*）』（一八四七年）を通して見ていくことにする。実名著作である『愛の業』からは、キルケゴールがキリスト教的愛について真摯に語っている姿勢を見て取ることができる[3]。

『愛の業』において、キルケゴールは、自然的愛とキリスト教的愛とを問題にしている。自然的愛は人間の自然性に基づく愛を指し、キリスト教的愛は神の愛に基づく神への愛と隣人愛とを指している。自然的愛は、その愛の対象に何らかの価値を認め、その価値ゆえ、それと他とは区別し、愛する。この自然的愛には恋愛・友情・家族愛などが含まれるが、これらはすべて対象を他から切り離して愛する偏愛である。

そしてそれは、自己愛（Selvkjerlighed）に他ならない。偏愛においては、たとえ表面的には自己中心性が隠されようとも、その恣意性は免れえない。なぜならば、その愛の対象は、他ならぬ自己によって選ばれ、自己に関係づけられたものだからである。自己愛は、その愛の対象を自由な人格として愛しているのではなく、愛する者に選択された対象として愛しているのである。したがって愛の対象は、「別の自己、別の我」(4)として愛されているか、もしくは「最初の我がもう一度さらに強く愛されている」(5)かにすぎない。つまり自己愛は、その対象を愛しているように見えながら、実は自分自身を愛しているだけなのである。

また自己愛は、変化しうるものである。つまり、「その愛〔自己愛〕は、それ自身の内で変化しうる、それ自身から逸脱して他なるものへと変化しうるのである」(6)。愛の対象となるべき特殊なものに出会えるとは限らない。それは、偶然的なものである。仮に愛の対象を獲得したとしても、それを喪失する可能性もある。また、愛の対象がその愛に応えてくれないこともあるだろう。このとき自己愛は、その始まりにおいてどれだけ幸福なものであったとしても、憎しみや嫉妬に変化しうる。それゆえキルケゴールは、「直接的愛は、絶望している」(7)と言う。

> 絶望（Fortvivlelse）は、愛する者を失うことではない。それは、不運であり、苦痛であり、苦悩である。それは、永遠的なものを欠くということなのである(8)。

愛における絶望は、自然的愛が自己愛であるからこそ、起こりうることである。自己愛が自己愛に止まる限り、永遠性（Evighed）を獲得することはできないのである。それでは、愛を永遠的なものにするものは何だろうか。それは、キリスト教的愛、すなわち隣人愛である。隣人愛は、神の愛に基づく。

> 愛の秘められた生命は、最も内なるものの奥にあり、底を測ることができない。測ることができない関連の内にある。静かな湖が底深く、人間の眼には隠された泉にその基底を有しているように、人間の愛も神の愛の中に、それよりもさらに深い基底を有しているのである[9]。

神が愛の源であるならば、人間の愛は神と関係することなしにその愛の存在と永遠性とを保持することはできないだろう。それゆえキルケゴールは、次のことを愛の前提とする。

> この世の知恵は、愛は人間と人間との関係である、と考える。それに対してキリスト教は、愛は人―神―人の関係であることを、換言するなら神が中間規定（Mellembestemmelsen）であることを教える[10]。

そして、「神―関係は、人々に対する愛が真実であるか否かを判別するしるしである」[11]と言う。すなわちキルケゴールは、神が愛の中間規定であるという前提に立って、隣人愛を考えているのである。

先に述べたように自己愛は、絶えず憎悪・嫉妬・絶望に変化する危険に晒されている。この危険は、自己愛がどれほど高まろうとも、なくならない。自己愛に永遠性の獲得は不可能なのである。このように、自己愛が変化しうるもの、絶望しうるものであるのに対して、隣人愛は永遠的なものなのである。

(二)　義務と良心

それでは、キルケゴールの隣人愛において、義務がどのように理解されているか見ていこう。(一)で述べたように、キルケゴールにおいて自己愛は絶望に変化する危険に晒されており、自己愛が永遠性を獲得することは不可能であった。このように、自己愛が変化しうるもの、絶望しうるものであるのに対し、隣人愛は永遠的なものである。それでは、この隣人愛を永遠的なものにするものは何であろうか。キルケゴールは言う。

「汝、愛すべし」。愛することが義務であるときのみ、そのときのみ愛は、あらゆる変化から永遠に守られ、至高の独立性(Uafhænghighed)へと永遠に解放され、幸いにも絶望から永遠に守られているのである。[12]

つまり、隣人愛を永遠的なものにするものは、愛の義務性なのである。自己愛が自然的であるがゆえに命令されることなく義務でありえないのに対し、真の愛、すなわち隣人愛は義務の形式をとる。そして愛は、義務となることによって真の愛となる。愛を義務として捉えることによって、愛は永遠性・不変性を獲得するのである。これが、キルケゴールにおける隣人愛の特質である。

次に、キルケゴールの隣人愛において良心がどのように理解されているか見てみよう。キルケゴールは、「愛は、良心の問題である」[13]と言う。なぜなら良心は、自己愛における利己的自己を否定する契機となるからである。キルケゴールは言う。

人間が神に関係しないような要件に関しては、およそいかなる良心‐問題というものも考えられない。つまり、人間が良心を持つということは、神と関係するということなのである。神が存在しないならば、人間が何かで良心が咎めるということもありえないであろう。単独者と神との関係、すなわち神‐関係が良心だからである。[14]

「良心を持つ」とは、神との関係に立つことである。それゆえ、神が考慮に入ってくるところでは、良心の問題が考えられる。神が存在しないところでは、良心上の問題も存在しない。キルケゴールは次のように言う。

このようにキリスト教は、人間と人間とのあらゆる関係を良心－関係に変え、また愛の関係も変えてしまうのである。……〔中略〕……キリスト教的に理解すれば、次の通り〔愛は、良心の問題である〕なのである[15]

この良心は、自己否定の契機、すなわち自己愛における利己的自己を否定する契機になる。良心の目覚めとともに、隣人愛が自己愛の反定立として現れ、それらの選択を迫る。しかし、それが良心の目覚めによるものである限り、必然的に隣人愛が選択される[16]。良心とともに隣人愛に目覚め、自己愛を否定するのである。

キルケゴールは、この例として結婚を挙げる[17]。結婚において教会の牧師は、二人の男女に対してそれぞれ別個に、各自が神と自分の良心に諮ったかということを質問し、愛が良心の問題であることを肝に銘じさせる。これが、キリスト教において自然的愛に対して行われる無限の変化となる。外面的には、旧態通り男は女の主人であり、女は男に従属すべき者とされる。しかし、この質問によって二人は、内面性においては神の前に対等に立つことになるのである。

第二節　カントにおける義務と良心

本節では、キルケゴール思想の社会性をより明瞭にするため、カントの所論を取り上げる。アメリカなどにおいてはキルケゴールとカントとの比較は積極的になされているが[18]、これまでのわが国のキルケゴール研究においてキルケゴールはヘーゲル（Georg Wilhelm Friedrich Hegel, 1770-1831）との比較の上でその差異が論じられることが多く、カントとの比較はあまりなされてこなかった[19]。しかし、キルケゴール自身はカントの主要著作を所有しており[20]、グリーン（Ronald M. Green）によれば、それらの著作の大部分は読まれている[21]。キルケゴールの日誌においても、カントについて言及している箇所が数多く見られる。たとえば、理性の思弁的使用の限界を提示したカントの誠実さについて、次のように言及している。

人々がカントの誠実な方法を放棄し、神中心になるために周知の〈誠実な〉一〇〇ターラーを犠牲にして以来、ことのほか哲学は幻想的になった[22]。

また、他の箇所では次のようにも言っている。

根本的に見てカントは、その根本悪に関してさらに誠実であった。すなわち、この理論がキリスト教の問題の思弁的把握であるかのような外見を、彼はまったく示していないのである[23]。

カントは、キルケゴールと同様、隣人愛（die Nächstenliebe）を義務（die Pflicht）として捉えている。そして、良心（das Gewissen）との関係でそれを語っている。そこで本節では、カントにおける義務と良心の特質をまとめ、キルケゴールとカントとの隣人愛における類似点・相違点を明らかにする。

（一）道徳法則と定言命法

カントにおいて、社会的存在としての人間の在り方である倫理は、『人倫の形而上学の基礎づけ（*Grundlegungzur Metaphysik der Sitten*）』（一七八五年、以下では『基礎づけ』と略記する）で基礎づけられており、その課題は道徳法則（das moralischesGesetz）の探求である。それでは、理性自らが立てる道徳法則とはいかなるものなのか。

カントは、個人が自らの行為の指針として自らに設定する規則を、「格率（die Maxime）」と呼んでいる。しかし、主観的である格率は、自己愛の追求を原理としやすい。理性的であると同時に感性的でもある人間の意志は「完全な善意志」[24]ではなく、善意志の実現を妨害する自己愛もあるからである。そのため、自己愛を排除し意志を道徳法則に適合するよう規定せねばならないのだが、それは「強制（die Nötigung）」[25]である。そのため道徳法則は、命法（der Imperativ）の形式をとる。命法には、仮言命法（der hypothetischeImperativ）と定言命法（der kategorischeImperativ）の二種類がある。仮言命法は意志の対象を根拠としており、これを原理とすることは意志の他律になる。それに対して定言命法は、あらゆる目的とは関係なしに、端的に命ずる。道徳法則は、この定言命法として表わされる。

主観的な格率が、いかにして道徳法則に適合するのか。カントは、道徳法則を導くため、自己愛に基づく意志規定の実質的内容を排除し、理性の普遍的法則の立法の形式にのみ注目する。そして、行為の際に従う格率が道徳法則に相応しいかどうかを吟味せよ、と言う。これによって、主観的である格率を道徳法則に合致させようとするのである。それは、次のような定言命法によって表わされる。

自分自身を同時に普遍的法則とすることができる格率に従って行為せよ。[26]

また、『実践理性批判（*Kritik der praktischen Vernunft*）』（一七八八年）では、次のように表わされている。

汝の意志の格率が、常に同時に、普遍的立法の原理として妥当することができるように行為せよ。[27]

この定言命法によって自らの意志を規定する者が、自己愛から独立に行為する者である。人間は、道徳法則によって自らの意志を規定し、道徳法則に従うことのみを動機として行為する限りにおいて、感性界だけでなく叡智界にも参与することになるのである。

（二）義務と良心

定言命法は、義務である。カントは、義務の概念を次のように提示している。

この義務の概念は、善意志の概念を、ある種の主観的な制限と障害との下にではあるが含んでいて、しかもそうした制限や障害は、善意志の概念を覆い隠したり、見分けにくくしたりするどころか、かえって対象を通じて際立たせ、一層明らかに現出させるのである。[28]

義務の概念は、善意志の概念を含んでいる。したがって、義務の概念から善意志の概念が明らかにされる。義務の概念を分析する際、カントは、義務に適合している行為と義務に基づいている行為とを明確に区別している。たとえば、利口な商人が金儲けのために正直に振る舞うことは、義務に適合してはいるが、義務に基づいてはいない。しかし、「行為が義務に適合していて、しかもそうした行為に直接的傾向性を持っている場合」[29]、その区別は困難である。

なぜなら、直接的傾向性による行為は、しばしば義務に基づいた行為と混同されるからである。たとえば、自分の生命を維持するのは義務であるが、同時に人は自分の生命を維持したいという直接的傾向性をも持っている。したがって、生命を維持するための行為は、義務に適合してはいるが義務に基づいているとまでは言えない。むしろ、苦難な状況に陥り死を願いながらも生命の維持を義務としてそれに従うとき、それは義務に基づいた行為だと言え、道徳的価値を持つとされるのである。

「できるだけ他人に親切であること」[30]は義務である。しかし、それが同情心という直接的傾向性によってなされても、この行為は義務に適合してはいるが、道徳的価値は持たない。なぜなら、「格率に人倫的内実（der sittlicheGehalt）がないからである。つまり、人倫的内実があるならば、そのような行為は、傾向性からではなく、義務に基づいてなされるべきなのである」[31]。

このようにカントは義務に適合した行為と義務に基づく行為とを峻別し、後者にのみ道徳的価値を認めている。直接的傾向性に基づいてなされている行為は、それがいかに義務に適合していようとも、義務に基づいているとは言えず、道徳的価値を持たない。義務に基づいてなされる行為は、他人に対する愛情を持っていないにもかかわらず、それでも義務から他人を助ける場合なのである。

カントにおいて義務を支えるものは、良心である。カントは、良心を宗教論においても論じている。カントの宗教論の中心課題はいかにして道徳法則に従う人間は幸福になることを希望できるかということであり、道徳は必然的に宗教に行き着くとされる。したがって、カントにおける良心を宗教論と切り離して論ずることはできない。

カントは、『単なる理性の限界内の宗教（*Die Religion innerhalb der Grenzen der bloßen Vernunft*）』（一七九三年。以下、『宗教論』と略記する）において、良心を次のように規定している。

良心とは、それ自身だけで義務であるような意識である。[32]

ある行為が不正であるかどうかを判断するのは、悟性（der Verstand）である。しかしその行為は、不正でないと判断されるだけでは不十分であり、それが不正でないと確信される必要がある。そしてその要求が、「良心の要請」[33]である。したがって「良心とは、自己自身を裁く自己判断力である」[34]と言える。

カントにおいて良心は、『実践理性批判』の中で「我々が良心と呼ぶところの我々の内なる驚くべき能力の裁判判決」[35]と言われているように、道徳法則に反する行為に対する厳格な法廷[36]として機能している。法廷には裁くための法と裁判官とが必要であるが、法は言うまでもなく道徳法則である。そして裁判官は、自己の中の他者ということになる。カントは、人間を感性界と叡智界にまたがった存在として理解している。[37]よって、自己の中の他者としての裁判官とは、叡智的存在としての人間であると言える。

おわりに

それでは、第一節で見たキルケゴールの隣人愛思想を基に、キルケゴールとカントとの異同を検討していこう。まず、両者の義務についての理解を、隣人愛を通して比較してみる。カントは、前節で見たような義務についての理解を通して、隣人愛を次のように理解している。

傾向性としての愛は命じられることができないが、義務そのものに基づいた他人への親切は……〔中略〕……実践的であり感受的でない愛（die praktische und nichtpathologische Liebe）である。[38]

すなわち隣人愛は、同情に代表されるような傾向性としての愛である感受的愛ではなく、嫌悪すべき者に対しても義務として愛すべしと命ずる実践的愛である。キルケゴールと同様、カントにおいても隣人愛は、義務として捉えられている。

次に、義務を支える良心を通して考察してみよう。まず、次のような共通点が認められる。キルケゴールは神との関係において隣人愛を捉えており、良心は神という他者との関係の上に成り立っている。カントにおいて良心は法廷として機能しているが、その法廷において自己に判決を下す者は叡智的存在としての自己であり、自己の中の他者である。カントにおいても、良心を成り立たせるものは、自己の中に他者を想定してまでも、他者でなければならないのである。

しかし、良心を成り立たせるものについて考察を進めると、一見、次のような相違点が認められるだろう。キルケゴールにおいて良心は、神によって支えられている。したがって、人間は真理を失った存在であり、自分の力で真理を獲得することはできないという自覚が必要になる。それに対して、カントにおける良心は、法廷の裁判官である叡智的自己と法である道徳法則と不可分の関係にある。したがって人間は、義務・良心を受け入れる自律的存在者として、肯定的に理解されている。このような相違は良心に対する神の支えの有無にあり、それがキルケゴールの宗教思想とカントの倫理思想との分水嶺になっていると、ひとまずのところ言えるだろう。

しかしこのような相違は、表層的なものにすぎない。カントは、道徳法則に基づく行為によって倫理は実現される、と言っている。その際、神の恩寵に適うために道徳法則に従うと考えることは、他律として斥けられる。しかし、最高善の実現のために要請される神の存在は、前提されている。したがってカントにおいても、良心と神とは決して無関係ではない。そうすると、良心における先述のようなキルケゴールとカントとの相違は、両者の相違の核心とは言えないだろう。むしろ両者の相違点は、良心を支えるものではなく、良心を支えるものの在り方、すなわち両者における神の位置づけにある。

　カントにおいて、神の存在は要請されている。そして、その要請された神の存在を前提にして、『宗教論』において神の国（das Reich Gottes）や倫理的公共体（das ethisches Gemeinwesen）が議論されている。カントとの対比で言うならば、キルケゴールが願った社会とは、単独者の隣人愛によって結ばれた社会だと言うことができるだろう。キルケゴールの著作活動は読者を倫理的・宗教的に覚醒させることを意図しているが、キルケゴールはそれを通して新たな共同体を構想していたと考えることもできる。そこには、孤立的な思想など見いだすことはできない。キルケゴールは、愛によって自己に社会性を与え、かつ自由にしたのである。

注

（1）もっとも、単独者を非社会的存在とみなす解釈は誤りである。拙著『キルケゴールの教育倫理学』大学教育出版、二〇一五年、九七～一〇八頁を参照のこと。

（2）「キェルケゴールの人間関係論は愛の関係論である」（水田信『キェルケゴールと現代の実存――比較思想と対話の精神』創言社、一九九八年、二四四頁）。

（3）キルケゴールの著作は、仮名著作と実名著作の二つに分けられる。仮名著作は、哲学・文学などに関する審美的著作である。そして、『哲学的断片への非学問的あとがき』（一八四六年）までの著作においては、仮名著作と非仮名著作の二種類の著作群が対応し合い、二重性の構造を示している。『哲学的断片への非学問的あとがき』以降の著作はすべて実名で著されており、キリスト教を語るものである。なお、キルケゴールの著作の二重性については、大谷愛人『キルケゴール著作活動の研究（後篇）――全著作構造の解明――』勁草書房、一九九一年、三七九～三九二頁を参照のこと。

（4）Kierkegaard. *Kjerlighedens Gjerninger*. S.41.（S.61.）なおキルケゴールの著作は、原典第三版 *Søren Kierkegaards Samlede Værker*. A. B. Drachmann, J. L. Heiberg og H. O. Lange, udg., Kbh., 1962-1964. を使用し、必要に応じて、独訳第三版 *Sören Kierkegaards Gesammelte Werke*. E. Hirsch und H. Gerdes, Hrsg., Eugen Diederichs Verlag, Dusserdorf und Köln, 1950ff. を参考にした。引用は、

原典の頁数を示し、括弧内に独訳版の頁数を示した。邦訳は、大谷長監訳『キェルケゴール著作全集』創言社、一九八八〜二〇一一年、『キルケゴール著作集』白水社、一九六二〜一九七五年を参考にした。また日誌は、日誌・遺稿集第二版 *SørenKierkegaards Papier*, P. A. Heiberg, V. Kuhrog E. Torsting, udg., N. Thulstrup, 2. Udg., Kbh., 1968-1978. を使用した。引用は、慣例に従い巻数と整理番号とで示した。

（5）*ibid.*, S.61.（S.65.）

（6）*ibid.*, S.39.（S.40.）

（7）*ibid.*, S.45.（S.47.）

（8）*ibid.*,（*ibid.*）

（9）*ibid.*, S.15.（S.12.）

（10）*ibid.*, S.107.（S.119.）

（11）*ibid.*, S.120.（S.134.）

（12）*ibid.*, S.34.（S.34.）

（13）*ibid.*, S.135.（S.152.）

（14）*ibid.*, S.140.（S.158.）

（15）*ibid.*, S.135.（S.152.）

（16）必然性における自由については、拙稿「キルケゴールにおける『単独者』の自由」（東北教育哲学教育史学会『教育思想』第二六号、一九九九年三月、一五〜二四頁所収）二〇〜二二頁を参照のこと。

（17）cf., Kierkegaard, *ibid.*, S.135-137.（S.152-154.）

（18）キルケゴールとカントとの関係を主題的に取り上げている論文は多数あるが、著作・論文集としてまとめられているものとしては、R. M. Green, *Kierkegaard and Kant: the hidden debt,* State University of New York Press, Albany, 1992; D. Z. Phillips and T. Tessin, ed., *Kant and Kierkegaard on Religion*, St. Martin's Press, Inc., New York, 2000. がある。

（19）わが国でキルケゴールとカントの両者を主題的に取り上げた研究としては、春名純人「倫理と宗教――カントとキルケゴール――」（関西学院大学社会学部『社会学部紀要』第一五号、一九六七年、七三〜八三頁所収）、武村泰男「カントとキルケゴール」（実存主義協会

『実存主義』第四九号、理想社、一九六九年、四九〜五六頁所収）、細谷昌志「キェルケゴールにおける『直接性』の問題とカントの『物自体』——キェルケゴールの存在論への試み——」（キェルケゴール協会『キェルケゴール研究』第八号、一九七八年、一一〜二〇頁所収）、濱田恂子『キルケゴールの倫理思想——行為の問題——』新地書房、一九八六年、二九〇〜二九九頁があるくらいである。

なお、外国の研究を翻訳したものとしては、エミール・ブルンナー著（山本邦子訳）「カントとキェルケゴールにおける哲学の根本問題」（大谷長監修『キェルケゴールと悪』東方出版、一九八二年、二〇〜五一頁所収）、エドワード・ムーニー著（田中一馬訳）「カントはアブラハムを認めるべきか?:」（桝形公也編監訳『宗教と倫理　キェルケゴールにおける実存の言語性』ナカニシヤ出版、一九九八年、一九六〜二〇八頁所収）がある。

(20)　H・ゲルデス著（武村泰男訳）『キルケゴール　その生涯と著作』思想史ライブラリー、木鐸社、一九七六年、三〇頁参照。

(21)　cf. R. M. Green, *ibid.*, pp.9-31.　この中でグリーンは、キルケゴールはカントの著作を読んでいたとした上で、キルケゴールが読んだと思われる著作を「十分に精読している著作」(*ibid.*, p.10.)、「おそらく読んでいる著作」(*ibid.*, p.13.)、「証拠のない著作」(*ibid.*, p.28.)に分類している。十分に精読しているとされた著作は、『視霊者の夢』（一七六六年）、『啓蒙とは何か』（一七八四年）、『諸学部の争い』（一七九八年）である。また、おそらく読んでいるとされた著作は、『純粋理性批判』（一七八一年、一七九四年）、『人倫の形而上学の基礎づけ』（一七八五年）、『実践理性批判』（一七八八年）、『単なる理性の限界内の宗教』（一七九三年）などである。

(22)　Kierkegaard, *Pap.*, X1, A-666.

(23)　*ibid.*, X1, A-501.

(24)　Kant, *Grundlegungzur Metaphysik der Sitten*, S.42. なお、カントの著作は、*Immanuel Kant Werkausgabe*, W. Weischedel, Hrsg. Suhrkamp, Frankfurt am Main. を使用し、頁数を示した。邦訳は、『カント全集』岩波書店を参考にした。

(25)　*ibid.*, S.41.

(26)　*ibid.*, S.70.

(27)　Kant, *Kritik der praktischen Vernunft*, S.140.

(28)　Kant, *Grundlegung zur Metaphysik der Sitten*, S.22.

(29)　*ibid.*, S.23.

(30)　*ibid.*, S.24.

（31）*ibid.*
（32）Kant, *Die Religion innerhalb der Grenzen der bloßen Vernunft*, S.859.
（33）*ibid.*, S.860.
（34）*ibid.*
（35）Kant, *Kritik der praktischen Vernunft*, S.223.
（36）カントにおける法廷モデルの思想については、石川文康『カント第三の思考』名古屋大学出版会、一九九六年に詳しい。
（37）vgl. Kant, *Grundlegungzur Metaphysik der Sitten*, S.89-91. カントは、人間をこのような二重の存在とみなすことによって、定言命法は可能であるとした。これからも、法廷としての良心が定言命法を可能とするものであることがわかる。
（38）*ibid.*, S.25-26.

※本章は、拙論「キルケゴールにおける義務と良心——カントとの比較を手がかりにして——」（東北教育哲学教育史学会『教育思想』第二八号、二〇〇一年二月、一三〜三〇頁所収）を大幅に加筆修正したものである。

参考文献

H・ゲルデス著（武村泰男訳）『キルケゴール　その生涯と著作』思想史ライブラリー、木鐸社、一九七六年。
R. M. Green, *Kierkegaard and Kant: the hidden debt*, State University of New York Press, Albany, 1992.
濱田恂子『キルケゴールの倫理思想——行為の問題——』新地書房、一九八六年。

春名純人「倫理と宗教——カントとキルケゴール——」（関西学院大学社会学部研究会『社会学部紀要』第一五号、一九六七年、七三〜八三頁所収）。

細谷昌志「キェルケゴールにおける『直接性』の問題とカントの『物自体』——キェルケゴールの存在論への試み——」（キェルケゴール協会『キェルケゴール研究』第八号、一九七八年、一一〜二〇頁所収）。

石川文康『カント第三の思考』名古屋大学出版会、一九九六年。

伊藤潔志「キルケゴールにおける『単独者』の自由」（東北教育哲学教育史学会『教育思想』第二六号、一九九九年二月、一五〜二四頁所収）。

――『キルケゴールの教育倫理学』大学教育出版、二〇一五年。

桝形公也編監訳『宗教と倫理　キェルケゴールにおける実存の言語性』ナカニシヤ出版、一九九八年。

水田信『キェルケゴールと現代の実存――比較思想と対話の精神』創言社、一九九八年。

大谷愛人『キルケゴール著作活動の研究（後篇）――全著作構造の解明――』勁草書房、一九九一年。

大谷長監修『キェルケゴールと悪』東方出版、一九八二年。
D. Z. Phillips and T. Tessin, ed., *Kant and Kierkegaard on Religion*, St. Martin's Press, Inc., New York, 2000.
武村泰男「カントとキルケゴール」（実存主義協会『実存主義』第四九号、理想社、一九六九年、四九〜五六頁所収）。

第八章

東京からのＬＧＢＴ発信の諸問題

――「愛する権利」を誠実に問い続けてゆくために[1]――

齋藤かおる

はじめに（キリスト教とＬＧＢＴ人権回復活動）

キリスト教は、あえて「愛」を命じる（掟として語る）宗教である。その「愛」において、弱者を優先的に選択する宗教であり、その「愛」の命令によって、浅薄な目先の損得勘定や偏見から解放された「自由」な日々へと人々を開いてゆく宗教である。そして、その「愛」の命令のうちにいる人々を「友」と呼ぶ宗教であり、その「愛」の命令のうちにいない人々に対しても「友」として出会う（隣人になる）ことを志す宗教である。つまり、キリスト教は、多様性を語るのみならず多様性を共に生きる宗教であり、そうであってみれば、様々なマイノリティの人権回復活動の延長線上で必然的に熱を帯びてきているとも言える現在の日本のＬＧＢＴ人権回復活動[2]に対しても寄り添えるはずの（寄り添えて当然の）宗教である。[3]

第一節　東京からのＬＧＢＴ発信の諸問題

ＬＧＢＴという語は、かなり広範囲の人々を当事者として指示する概念だが、当事者たちが求めている法整備や差別・偏見の解消の基軸は、何と言っても「愛する権利（他者との出会いを生きる権利）」に尽きると言える。[4] そして、その「愛する権利」の回復要求こそは、まさに、二〇世紀中葉以降の「様々な生命の権利への気づきの歴史（生命の権利の回復の歴史）」の流れを新たな次元へと開いてゆくもの、すなわち存在の権利を問う次元から関係の権利を問う次元へと開いてゆくものである。

けれど、おそらくは東京のＬＧＢＴ当事者リーダーたちがその発信活動（主に青山・表参道・原宿からの発信活動）の大部分をビジネス・モデル（発信活動＝生計手段）で構成していることが作用して、また東京を本拠地とするマスメディアのダイバーシティ（多様性の尊重）理解が不充分なことも作用して、現在の東京からのＬＧＢＴ発信は、むしろ「気づきの歴史」を逆行させてしまいかねない諸問題も孕んでいる。

（一）経済的価値（魅力）と外見的価値（魅力）のアピール

東京からのＬＧＢＴ発信は、他の日本各地からのＬＧＢＴ発信に比べて、当事者たちの経済的価値（魅力）や外見的価値（魅力）を強くアピールする傾向性を帯びている。[5] また、著名人や表面的魅力（外見・経歴・肩書き等）を備えた人々を「アライ（支援者）」として紹介する一方で、障害者・貧困者・弱者については「アライ」として紹介しない傾向性も帯びている。[6] そして、そのマスメディアやＳＮＳを活用した発信力には（したがって影響力にも）、圧倒的なものがある。「日経ビジネス二〇一五年八月二四日号」の表紙には「究極のダイバーシティＬＧＢＴ」との文字まで踊っている。

個人が、自己の経済的価値や外見的価値のアピールを通し、世論の賛意・支援を確保して、自己の在りようを経済的・社会的に拡大してゆくこと（ある種のマジョリティ化、競争社会における勝ち上がり）は、基本的に悪いことではなく、一般的なことであり、しばしば称賛の対象にさえなることである。そして、そのような価値を目の当たりにした世論が、価値アピール主体に利する方向へと動くのも、無理からぬことである。

けれど、そのような価値アピールが、単なる個人のキャリアデザイン・成長戦略の域内を超えた、特定のマイノリティ集団全体の「在るがままでの人権回復運動」の一環という姿を取っているなら（つまり「ＬＧＢＴアクティビスト」と名乗っての行動なら）、やはり問題性を指摘せざるを得ない。まして、そのような価値アピールにおいて大々的に「ダイバーシティ」を掲げているなら、尚更である。それをマスメディアが喧伝でもって後押ししているなら、重ねて尚更である。

（二）　障害者のノーマライゼーションを阻害する危険性

重症心身障害児への支援を切望する保護者たちに対して国から「障害が重くて社会の役に立たない者には国の予算は使えません」との返答がなされた一九六一年から、約五〇年。[7] 一部の障害者への「本人の同意なしの国家権力による強制不妊手術（優性手術）」にとりあえず歯止めがかかった一九九六年（優性保護法が母体保護法に改正された年）から、約二〇年。キリスト教界が真摯に寄り添ってきた、この間の日本の社会福祉の歩みは、経済的価値や外見的価値を見いだしにくい存在者（とりわけ障害者）に対しても「生命そのものの価値」を見いだし、それを法的にも根拠づけるために精魂を傾けてきた、まさに血と汗と涙の歳月だったと言える。そして、その「生命そのものの価値」にマジョリティ（健常者）と同様の充実した人生が伴うことをめざす、ノーマライゼーション理念との格闘の日々だったと言える。[8]

障害者のノーマライゼーションのために必要な環境整備と社会的配慮を求める、当事者・医療関係者・福祉関係者をはじめとする諸方面の組織的かつ継続的な努力は、少なくとも日本においては、ＬＧＢＴ人権回復運動に先行してきている。[9] また、ノーマライゼーション理念が広く社会で適用されるようになってゆくための鍵として提示された、性をめぐる障害者の六つの権利[10]――一　障害者が社会的・性的行動の訓練を受ける権利、二　障害者がその人の能力に応じて、理解できるすべての性に関する知識を得る権利　三　性的満足感を含めて異性[11]を愛しまた愛されることの喜びを味わう権利　四　健常者が社会的に受け入れられているのと同じ方式で自分の性的ニーズを表現する権利　五　結婚する権利　六　子どもを持つかどうかを決定する上で、自分の立場を述べる権利――この六つの権利も、本質的に、現在の日本のＬＧＢＴ人権回復活動の要求を先立って包含している。

けれど、表面的な経済的価値に乏しい障害者が、なかなか世論の関心を引けず、なかなかノーマライゼーション（とりわけ性的ノーマライゼーション）の進捗をかなえられずにいる一方で、ＬＧＢＴの複合的な経済的価値（就労力・購買力・子どもを養育し得る家政力・メディア露出に堪え得る自己商品化力など）アピールは、経済戦略を考える諸企業や少子化に悩む行政を巻き込みながら、大きく世論を動かし始めている。それが現在の現実である。そして、その現実において、障害者のノーマライゼーションのための環境整備と社会的配慮の進捗の停滞どころか、むしろ後退が危ぶまれるところである。少なくとも、有力誌の表紙に「究極のダイバーシティＬＧＢＴ」などという文字が躍っていることについて、ＬＧＢＴ当事者たち自身とその周辺から表立った異論が聞こえてこない現実においては、日本における本来的なダイバーシティの停滞と錯綜が確認されるところである。

（三）障害者・貧困者・弱者の社会的排除を助長する危険性

現在進行形の、東京のＬＧＢＴ当事者リーダーたちの勝ち上がってゆく眩しい姿、すなわち東京のＬＧＢＴ当事者リーダーたちの、経済的価値と外見的価値を巧みに活用した「マスメディアとの二人三脚」は、上述のように本来的なダイバーシティの進捗を損なう恐れを孕んでいるのみならず、地方在住のＬＧＢＴ当事者たちを含む障害者・貧困者・弱者（社会的に不利な立場にある人々）の社会的排除を助長する恐れも孕んでいる。

実際、東京のＬＧＢＴ当事者リーダーたちがＳＮＳなどを通して日々アピールを重ねている、東京の幾つかのＬＧＢＴ拠点とそのエリアは、いろいろな意味で障害者・貧困者・弱者には近寄りがたい場所であり[12]、中には「車椅子お断り」と表明して障害者を拒絶する場所もある[13]。つまり、差別・偏見に反対してダイバーシティを主張している看板とは裏腹な「ゲートのあるコミュニティ」[14]という側面も呈している。

また、東京のＬＧＢＴ当事者リーダーたちとその拠点（とそのエリア）が、障害者・貧困者・弱者にとって、現実的にはアクセスし難い人々であり場所であるにもかかわらず、ネット上では簡単にアクセスできてしまうことも、事柄をより複雑にしている。と言うのも、ネットを介した交流・支援（とりわけクローズドの有料交流・支援）は、一面において、やはり圧倒的な主従関係やパターナリズムの構図へと障害者・貧困者・弱者を絡めとることに他ならないからである。

第二節　アライ概念をめぐるキリスト教的な寄り添いの可能性

では、どうすれば良いか？　キリスト教の立場からできることは何か？　東京からのＬＧＢＴ発信は、法的に何ら問題の無いどころか、むしろ当事者リーダーたちそれぞれの真摯な自己と社会との格闘の延長線上にあるのだし、そもそもキリスト教（界）は、ＬＧＢＴ当事者たちに寄り添うどころか、長くＬＧＢＴ当事者たちを悲しませ、忍耐を強いてきた――そのような思いの充満する胸中の苦しさに黙してしまいそうな現実が、障害者・貧困者・弱者の支援にもＬＧＢＴ支援にも励んできた個々のキリスト者たちを苛む。けれど、やはり現在において、明らかな社会学的問題（論理的課題）を放置するべきではないし、中長期的観点においても、このまま事態を傍観することには、ＬＧＢＴコミュニティにとってもキリスト教（界）にとっても望ましからぬ側面（歴史的課題）がある。

東京からのＬＧＢＴ発信が、ＬＧＢＴの社会的受容を進めるインセンティブの一つとしてＬＧＢＴの経済的価値をアピールしていることについては、一部のＬＧＢＴ当事者リーダーたちからは「今は過渡期だから」といった発言が聞こえてくる。また、ダイバーシティを掲げることと矛盾する弱者排他的な傾向性についても、一部の当事者リーダーたちから「（解消には）時間がかかる」との発言が聞こえてくる。けれど、誰が「過渡期」の責任を取る（取れる）のか？　誰（何）が「時間がかかる」ことの主体なのか？　やはり、社会（空間性）と歴史（時間性）の交差としての「今」における主体の責任をめぐる問いへの促しと寄り添いが必要であるし、それができるのは、まさにその種の問いを迫られ続けてきた、その二〇〇〇年の歴史性に寄り添いの根拠（モチベーション）を自覚し得る、キリスト教（界）である。

（一）　論理的責任の共有

本論の冒頭でも確認したように、キリスト教は、あえて「愛」を命じる宗教である。その「愛」の命令のうちにいる人々を「友」と呼ぶ宗教であり、その「愛」の命令のうちにいない人々に対しても「友」として出会う（隣人になる）ことを志す宗教である。したがって、キリスト教が現在の日本のＬＧＢＴ人権回復運動に対しても寄り添えるとするなら、その寄り添いのキーワードは、まずもって「友」であり「出会う（隣人になる）」ことのはずである。

さて、東京からのＬＧＢＴ発信が障害者・貧困者・弱者を「アライ（支援者）≠友」とは呼ばない傾向性については、前述の通りだが、キリスト教（界）の側にも、周知のように様々な問題（同性愛者に対する過誤・欺瞞の歴史的経緯）がある。時間的・論理的には、当然のことながらキリスト教（界）の側の問題のほうが先行しているし、その道義的責任も恐ろしく重い。それゆえ、どのように両者の「出会い」を望み得るものかと悩むところであるが、さしあたり注目したいのは、ゲイ当事者であるアンドリュー・サリヴァンの論考である。[15]

サリヴァンは、長くキリスト教（界の諸勢力）が提示し続けきた同性愛者に対する様々な否定的言説を忍耐強く丁寧に検討しつつ[16]フェミニスト神学思潮への共感も表明しつつ[17]「今日の西洋社会は、同性愛という問題に関して意見の相違があることをある程度認め、許容している。このような状況になった途端、どれだけ雄弁に議論しても言葉の魔力は失われてしまっている」と述べ、成熟した市民社会においては同性愛禁止論者の主張が孤立した雑音と化し影響力を弱めてゆくことを指摘している。[18]また、日本語版刊行に向けた序言において、なぜ西洋社会で多くの国々が結婚の平等を確立するに至ったかについて「結局のところ、結婚の平等にとって、論理的議論そのものが重要な役割を果たしたのである」「西洋社会において理性が感情を制したのである。道理にかなった主張が、斜面を転げ落ちる雪玉のごとく勢いを増しながら、記録的な速さで大勢の人々にとって統一見解となっていったのである」と分析しつつ「生きている間に私自身が結婚できる日が訪れるなどとは想像し得なかった」「誠実に主張を貫くことの力、そして理性の力を軽んじるべきではない」「真実を恐れるべきではないということである」と所感を述べている。[19]

サリヴァンの論述は、心に沁みる（という意味において逆説的な）二つの重要な論理的手がかりを与えてくれている。一つは、彼が、今日に至るLGBT人権回復運動の拡がりを、誠実に論理の正しさを主張し続ける「今」を積み重ねてきた結果と考えていることである。もう一つは、彼が、言わば「行き着く先を知らずに旅立った」ということである。人が打算なく誠実に論理を追えば（つまり非功利的に動けば）、行き着く先を知らずに旅立つことになるのは当然のことである。そして、それは、まさに、聖書が教えるキリスト者の生き方と重なるものである。[20] したがって、その二つの（実質的には一つの）手がかりにおいて、キリスト者は、LGBTとの間に論理的責任（誠実さ）の共有と、その共有に根差した建設的相互批判の在り方を、模索し得ると考えられる。

(二)　歴史的責任の共有

ところで、二〇世紀後半以降の人権回復潮流においては、LGBTのプライド主張に通じる先行事例として、形式的には、ブラック・パワーの「ブラック・イズ・ビューティフル」[21]やラディカル・フェミニズムの思考スタイル[22]が思い浮かぶところである。

既存の社会的規範や価値観の枠組みを激しく糾弾し、異なる価値基準を提示したブラック・パワーやラディカル・フェミニズムは、そのカウンター・カルチャー的な方向性のゆえに、組織やコミュニティを閉じていったこと――例えば、多くのアフリカ系アメリカ人がキリスト教からイスラームへと改宗していったことや、ラディカル・フェミニズムが女性による支配構造を語ってはばからなかったことは、ある意味において当然のことである。権力（的な枠組み）からの不当な抑圧によって自己（の存在とコミュニティ）がダイレクトに否定される時、そして非暴力的抗議活動がなかなか結実しない時、その否定への抗議が「否定の否定」という権力闘争の形式をとって組織・コミュニティを閉じてゆくことと、そこに「アライ＝友」概念が生じ得ないことは、当然の流れである。

ひるがえって、現在のＬＧＢＴ人権回復活動の世界的動向は、「アライ」概念を積極的に語ることにおいて（それが現状においては功利的な語り口であるにしても）、かつてのブラック・パワーやラディカル・フェミニズムとは決定的に異なる地平に立っている。良くも悪くも二〇世紀後半の様々な人権回復運動やフェミニズム全般の事実（それらの運動の中にも同性愛者の居場所などなかった事実）から出発し、紆余曲折を経つつ歩み続けてきた（学び続けてきた）成果によって開かれてきている場所に立っている。その立ち位置を「虹」[23]の一端にできるかどうか、それが大事なことである。キリスト者にとってもＬＧＢＴ当事者にとっても重要なシンボルである「虹」が、神と人間との間に架かるのみならず「虹は私たちの間に」[24]という形でも架かり得るものか――そのあたりの「虹」の架かり方（架け方）具合の理解に、二〇世紀中葉以降の「様々な生命の権利への気づきの歴史」の意味もまた懸かってくると言える。したがって、その「虹」の架かり方の理解において、キリスト者は、ＬＧＢＴとの間に歴史的責任（誠実さ）の共有と、その共有に根差した建設的相互批判の在り方も、模索し得ると考えられる。

おわりに（スイス憲法前文に学ぶ）

日本の社会福祉の歩みは、まさに血と汗と涙の日々であったし、日本のダイバーシティの歩みは、常に「総論賛成、各論反対」という壁との格闘の日々であったし、そのような日々がなおも現在進行形であるのは、日本各地の施設コンフリクトが示しているところである。[25]そして、その関連で、良心概念と同様に翻訳語である権利概念に「権理」という語が充てられていた時期のあったことにも思いの巡るところであるし、[26]そうであってみれば、東京からのＬ

ＧＢＴ発信の諸問題が東京のＬＧＢＴ当事者リーダーたちにばかり帰せられるべきでないことにも思いの至るところである。「新しい酒」には「新しい革袋」が必要であるし[27]、少なくとも、その「新しい革袋」の担保についてはキリスト者もＬＧＢＴも含めた社会全体（を構成する個々人）の責任である。

では、本論において確認したところの、キリスト者とＬＧＢＴによる論理的責任と歴史的責任の共有（新しい酒）の、必然性（新しい革袋）は、何によって担保されるものか？　それは、一つには、明確な未来へのビジョンによってであり、そのビジョンを先取りする「今」の喜ばしい共有（共生）経験が過去と未来の基軸（結節点）となっているような意識構造によってだと考えられる。その実例としては、さしあたりダイバーシティへの直截な意志表明で知られる「スイス憲法前文」を挙げることが適当である[28]。

「スイス憲法前文」には、キリスト教的な「愛」の具体化という方向性でのビジョンがある。そして、言わば「新しい酒」であるところの、功利主義からの解放の具体化という方向性での「自由」の定義がある。さらに、その定義を受け容れる必然的「新しい革袋」としての「国力指標」の定義があり、そこにおいて未来へのビジョンを先取りする「今」の喜ばしさが誇らしく宣言されている。つまり、未来へのビジョンの具体像を先取りして分かち合う「今」が、ビジョンへと向かう足取りに確かさを与えている構図なのである。このような構造に学び、励みを得ることが、ＬＧＢＴ支援という局面におけるキリスト教（界）の急務の一つだと考えられる。

注

（1）本章は、二〇一五年九月一一日に、日本基督教学会第六三回学術大会において、口頭発表の完全原稿として、配布したものである。また、その翌日（九月一二日）の、日本自殺予防学会での口頭発表の前提となったものである。

（2）ＬＧＢＴ概念の一般的定義については、南和行「ＬＧＢＴの人権課題」『部落解放』七〇六号、二〇一五年、一三〇～一四〇頁、南和行『同性婚　私たち弁護士夫夫です』祥伝社新書、二〇一五年、五一～五七頁を参照。
（3）様々な生命の権利への気づきの歴史については、齋藤かおる「ヨーロッパで犬になるほうが幸せ?!」『季刊東北学』第九号、二〇〇六年、一〇八～一一五頁を参照。日本のＬＧＢＴ人権回復活動の概況については、柳沢正和／村木真紀／後藤純一『職場のＬＧＢＴ読本』実務教育出版、二〇一五年、第二章以下を参照。
（4）「自己」が「最も基本的な他者（内なる他者）」であることを顧慮するなら、トランスジェンダー（ＬＧＢＴのＴ）のニーズも「愛する権利（他者との出会いを生きる権利）」という基軸に集約されると言える。
（5）日本国内でＬＧＢＴ当事者たち（とりわけ都会の当事者たち）の経済的価値（魅力）、すなわちＬＧＢＴ当事者たちの複合的な経済的価値（就労力・購買力・子どもを養育し得る家政力・メディア露出に堪え得る自己商品化力など）のアピールが顕著になってきたのは、二〇一二年頃からのことである。「知られざる巨大市場　日本のＬＧＢＴ」『週刊東洋経済』二〇一二年七月一四日号、ならびに「国内市場五・七兆円『ＬＧＢＴ市場』を攻略せよ！」『週刊ダイヤモンド』二〇一二年七月一四日号を参照。また、外見的価値（魅力）のアピールについては、例えば『WWD Japan』（ウィメンズ・デイリー・フォー・ジャパン）二〇一五年七月号を参照。
（6）もっとも、いわゆるスーパー障害者（乙武洋匡さんや障害者スポーツ界の実力者たち）や、アーティスティックな業界人である障害者は、「アライ」として紹介される。ステレオタイプなアライ概念のアピール例としては、例えば松中権『ＬＧＢＴ初級講座　まずは、ゲイの友だちをつくりなさい』講談社、二〇一五年、一八五頁以下、一二三頁以下を参照。
（7）高谷清『重い障害を生きるということ』岩波新書、二〇一一年、一三八頁を参照。
（8）ノーマライゼーションについては、ベンクト・ニィリエ（河東田博／橋本由紀子／杉田穏子訳）『ノーマライゼーションの原理普遍化と社会変革を求めて』現代書館、一九九八年を参照。
（9）日本のノーマライゼーションの歴史については、柏野健三『社会政策の歴史と理論　救貧法から社会保障へ』ふくろう出版、二〇〇五年（改訂増補版）を参照。日本のＬＧＢＴ人権回復運動の歴史については、柳沢正和／村木真紀『職場のＬＧＢＴ読本』実務教育出版、二〇一五年、七〇～七三頁を参照。
（10）性をめぐる障害者の六つの権利については、平山尚『障害者の性と結婚　アメリカのセックス・カウンセリングから』ミネルヴァ書房、一九八五年、九八～一〇一頁を参照。
（11）この「異性」という記述については、執筆年代などを考慮しつつ「他者」と読み替えることが妥当と考えられる。

(12) 社会的排除には、何らかのパワーを持つ人々が「よき隣人」の選別からはずれた貧困者・弱者を排除してゆく（コミュニティから引きはがしてゆく）構図もあるし、貧困者・弱者が自らを排除へと追い込んでゆく構図もあるし、パワーのある人々が特権的エリアに閉じこもる構図もある。岩田正美『社会的排除 参加の欠如・不確かな帰属』有斐閣、二〇〇八年、一一八～一三四頁を参照。

(13) また、自分たちのコミュニティについて、バリアフリーをもじって「バリアアリー（バリア有り）」などと屈託なく笑う向きもある。これらは、筆者自身が、筆者の友人たち（障害者）と共に直面した出来事である。

(14) 「ゲートのあるコミュニティ」については、岩田正美『社会的排除 参加の欠如・不確かな帰属』一三三～一三四頁を参照。ジャック・ドンズロ（宇城輝人訳）『都市が壊れるとき 郊外の危機に対応できるのはどのような政治か』人文書院、二〇一二年、ニール・スミス（原口剛訳）『ジェントリフィケーションと報復都市 新たなる都市のフロンティア』ミネルヴァ書房、二〇一四年も参照。

(15) アンドリュー・サリヴァン（本山哲人／脇田玲子／板津木綿子／加藤健太訳）『同性愛と同性婚の政治学ノーマルの虚像』明石書店、二〇一五年。

(16) サリヴァン『同性愛と同性婚の政治学』三六頁以下を参照。

(17) サリヴァン『同性愛と同性婚の政治学』六八～六九頁を参照。

(18) サリヴァン『同性愛と同性婚の政治学』七四～七五頁を参照。

(19) サリヴァン『同性愛と同性婚の政治学』四～五頁を参照。

(20) 聖書 新約 ヘブライ人への手紙一一章一～二節、八節を参照。

(21) ブラック・パワーを提唱したアフリカ系アメリカ人たちのスローガン「ブラック・イズ・ビューティフル」は、自らも否定してきた特徴の肯定へと逆展開してゆく決定的表明であった点において、あらゆるマイノリティの人権回復運動と通じるものである。

(22) 「分離主義（男性排除）」などのラディカル・フェミニズムの思考スタイルの概要については、江原由美子／金井淑子編『フェミニズム』新曜社、一九九七年、一五～三六頁を参照。

(23) 聖書 旧約 創世記九章八～一七節を参照。

(24) 「社会で抑圧・差別されてきた人々こそ、人間を解放する知識を自分たちのものとして持つ必要があります」との山口里子の指摘は、とても重要である（傍点筆者）。山口里子「聖書から生と性を考える」『福音と世界』二〇一五年六月号、三八頁を参照。山口里子『虹は私たちの間に』新教出版社、二〇〇八年も参照

(25)　東京のＬＧＢＴ当事者リーダーたちが障害者・貧困者・弱者を「アライ」とは呼ばないことも、本質的に施設コンフリクトの一形式だと言える。施設コンフリクトについては、野村恭代「施設コンフリクトの合意形成に向けて──知的障害者施設と地域の共生」『発達障害研究』第三六巻第四号、二〇一四年、三四九頁以下を参照。小澤温「施設コンフリクトと人権啓発──障害者施設に関わるコンフリクトの全国的な動きを中心に──」『部落解放研究』一三八号、二〇〇一年、二〜一一頁も参照。

(26)　Cf. Eric A. Feldman, "The Ritual of Rights in Japan" Cambridge University Press, 2000, p.16. 中富公一「権利とは何か」『法学セミナー』二〇一五年六月号、一三頁を参照。

(27)　聖書 新約マルコによる福音書二章二七節を参照。

(28)　Bundesverfassung der Schweizerischen Eidgenossenschaft vom18. April 1999 (Stand am 14. Mai 2002).

Präambel
Im Namen Gottes des Allmächtigen!
Das Schweizervolk und die Kantone,
in der Verantwortung gegenüber der Schöpfung,
in Bestreben, den Bund zu erneuern, um Freiheit und Demokratie,
Unabhängigkeit und Frieden in Solidarität und Offenheit gegenüber der Welt zu Stärken,
im Willen, in gegenseitiger Rücksichtnahme und Achtung ihre Vielfalt in der Einheit zu leben,
im Bewusstsein der gemeinsamen Errungenschaften und der Verantwortung gegenüber den künftigen Generationen,
gewiss, dass frei nur ist,
wer seine Freiheit gebraucht,
und dass die Stärke des Volkes sich misst am Wohl der Schwachen,
geben sich folgende Verfassung:

スイス連邦憲法　前文

全能の神の名において！
スイス国民とカントン（州）は、
被造物に対する責任において、
世界と連帯し、世界に開かれた精神をもって、
自由と民主主義、独立と平和を強化するために同盟を刷新することに努め、
互いに尊厳と配慮をもって、多様性を尊重しつつ共に生きることを決意し、
共通の成果と未来の世代に対する責任を自覚し、
自らの自由を行使する者のみが自由であり、国民の強さは弱者の幸福感によって測られるということを確信して、
以下の憲法を制定する。
（齋藤かおる『学ぶこと、働くこと、愛すること』ＫＫアカデミア、二〇一〇年、七〇～七一頁を参照。）

第九章

体験活動がもたらす道徳的価値としての「愛」
――「インド異文化・ボランティア体験セミナー」に学ぶ――

松岡　敬興

はじめに

「インド異文化・ボランティアセミナー」では、主としてマザーハウスで行うボランティア活動を通して、利用者のみなさんの自尊感情を高めるための手伝いに邁進する。参加者一人一人にとって、まさに必要とされている自分を実感できる場面である。利用者のみなさんに寄り添い、他者の立場に身を置きながら、自分にできることは何なのか、自ら考え判断すること（自己指導力）が求められる。

本セミナーでは、体験のその先を見据え、参加者が新たな気づきをもとに自らの生き方に還元する仕掛けが講じられている。その一つが毎日行われる「ふりかえり」の時間である。伊藤高章（現上智大学教授）先生が行う面談では、新たな気づきについて最も適切な言葉での表現を試み、それを今後の生き方にどのように生かしていくのか、時間をかけて自己理解を深める。国内では体験できない活動に自ら参画したからこそ、新たな価値観に気づき、心をゆさぶることができる。それを理解から実践へと繋げるうえで、諸価値の内面化が求められるが、本セミナーを通してそれを克服できることを改めて実感できた。

第一節　「I THIRST」の叫び

（一）「私は渇く」とは

マザーハウスでのボランティア活動において、利用者のみなさんの洗濯物を干しに、屋上へと続く階段をあがる。すると眼前に石碑が現れる。そこには「I THIRST」と刻まれている。「私は渇く」が訳であるが、本質的には何を意味しているのだろうか。

その解説を五十嵐（二〇〇九）が、イエスとサマリアの女性とのやりとりとして紹介している。そもそもユダヤ人は、サマリア人が偶像崇拝することから、不仲であった。イエスは、彼女との言葉のキャッチボールを介して、発言の嘘を見抜き、その原因を解消するために手を差しのべる。彼女は、心の空しさを埋めることで、永遠に渇くことのない愛で満たされる。その時、イエスに対する疑いのまなざしが消え失せ、自らこの水を探していたのだと本音の言葉を発したのである。

井戸から汲みあげた水は、飲んでもすぐに渇きをもたらす。イエスが与える水は、飲めば永遠に渇くことがない。それは「愛」そのものだからである。マザーハウスでのボランティア活動は、利用者のみなさんの満たされない心の渇きを、少しでも埋めようとする活動なのである。相互間で関わり合い、「愛」そのものを確かめ合っているのである。

（二）　精神的な豊かさの喪失

ここで思考を、日本社会に向けてみる。物質的な豊かさは、ほぼ満たしているといえよう。戦後、高度経済成長のもとで効率性を追求してきた結果、迅速かつ確実に必要なものが手元に届く社会が実現できた。さらに情報化の波が、人間関係の希薄化に影響を及ぼしていることも紛れもない事実である。

例えば情報機器の普及が、コミュニケーションのとり方に、大きな変革をもたらした。もはや子どもたちは、情報端末に支配されているとも受けとれる現状にある。情報の取捨選択の主導権が、彼らの意思ではなく、情報端末に入ってくる情報そのものが握っている。本当は飛び込んでくるメールの扱いに苦慮しており、もっと自由な環境のもとで居たいと願っているのではないだろうか。

しかし、学校（学級）という組織の中で生活するうえで、人間関係の枠組みから独立した行動をとることは困難が伴う。対立に起因する孤立を避けようと、必死で情報の確認に走る子どもたち、加えて対処方法についても神経をすり減らしている。いじめの問題は、まさにこうしたやりとりが行き詰った結末である。であるがゆえに、この問題解決には大きな壁が立ちはだかることになる。

そこで学校教育現場において、「愛」に満たされた実践を展開し克服しようとするのであれば、子どもたちの心の内を十分に傾聴し、しっかりと受け止める取組が求められる。いわゆる教育相談の充実である。いじめや虐待等により心が満たされていない子どもたちの救済には、「愛」に満ちた関わりこそが教員に求められている。同時に、疲労困憊している教員の心の内を受けとめる仕組みづくりも忘れてはならない。

(三)　自尊感情の低傾向が示す危機

社会に身を置いて生きている一人一人が、自らの存在意義を見いだせずに、日々生活を送っている傾向が見受けられ危惧される。内閣府自殺対策推進室（二〇一五）によると、平成二六年度中における自殺者の総数は二万五四二七人である。前年に比べて一五八六人の減少とあるが、決して看過できる数値ではない。当然、発表の数値に含まれていないものもあることを鑑みると、自尊感情を高めることができるように、社会の仕組みそのものを見直すことが求められていると考える。

　学校現場に目をやると、悲観的なデータが見られるものの、一方でかすかな希望を見いだせることも事実である。図1は、A県B市の公立中学校において、生徒（二学年、六二名）を対象に実施した、自己評価に関するアンケート結果の一部である。

「不安な気持ち」を抱く生徒が八割弱、「ゆきづまった感じ」が五割弱、「理解されない感じ」が六割程度であり、自らの存在を肯定している数値であるとは捉え難い。しかし、将来に対しては「不安な気持ち」を抱きつつも、「何とかしたい気持ち」が八割弱を占めたところに希望を見いだし、改善に向けた糸口を探ることが肝要である。

　そもそも子どもたちは、家族や仲間、そして社会から認められ、幅広く活躍したいと願っているはずである。所属集団において居場所があれば、活躍の場が保証され、自らの存在感を自覚することで、最終的に自尊感情を高めることができる。こうした子どもたちの潜在的な願いを、学校教育現場がしっかりと受け止め、

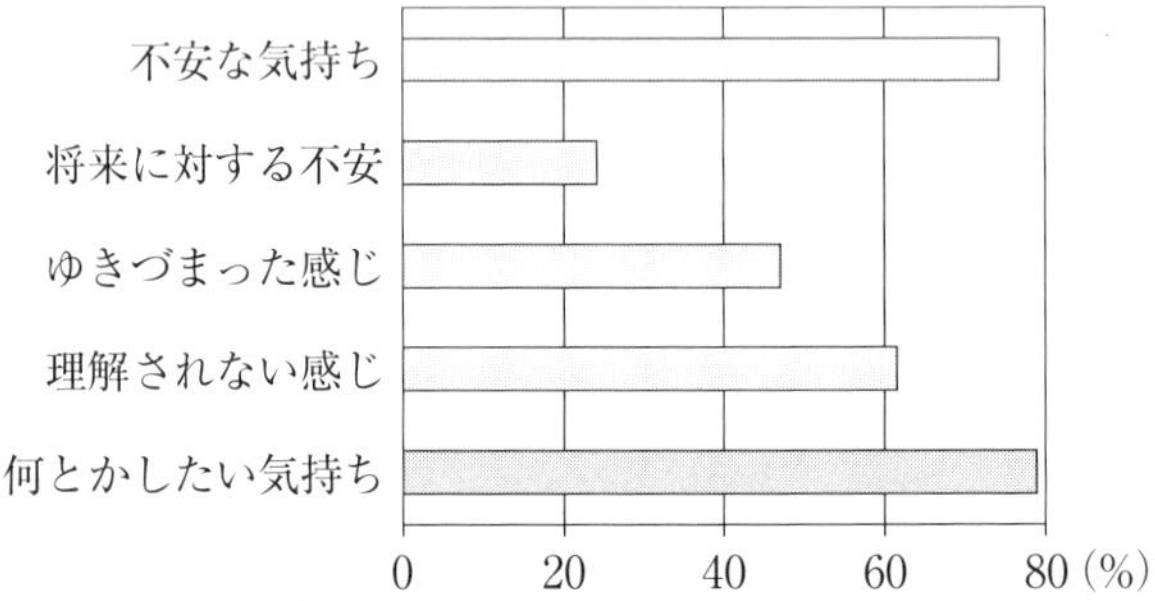

図1　対象校生徒の自己評価による事前調査（N=62）

その実現に向けた取組が求められている。道徳教育や特別活動では、個々人が自ら考え判断したことを、実践の場で確かめ、ふりかえりを通して暗黙知として体得でき、高い教育効果が見込まれる。

(四)　体験を生かした人間形成

体験を通して学び得たことは、再現できる。水泳の泳ぎ方やピアノの演奏など、幼い頃に学び身に付けたことは、たとえブランクがあったとしても問題にならない。このことは学校教育の実際においても当てはまる。例えば道徳教育において、相手を思いやることの大切さについて、理解を実践へと橋渡しする決め手は、体験を通した内面的理解に他ならない。道徳の時間で道徳的価値を学び、理解のレベルに留まることなく、次のステージへと押し上げるには、道徳的理解と道徳的実践とを連動させることが肝要である。

本学国際センターが実施している「インド異文化・ボランティア体験セミナー」では、模範的な教育効果が見て取れる。筆者も本プログラムの創設者である伊藤高章先生（現上智大学教授）に同行し、参加した学生たちの変容に接することで、その教育効果に絶対的なものを感じ得た。ある男子学生の言葉であるが、本プログラムを終えて数か月後に再会し、当時の学びをふりかえり、マザーハウスでのボランティア活動を通して学び得たことを、今も生かし続けていると自信をもって答えてきたのである。インドへの出発前の事前学習では、自主的・自発的という言葉と縁の遠かった学生が、見事に変容した姿を見て、体験活動が潜在的に持つ見えない力を可視化することができた。こうした学生が多く見られたことは、体験活動がもつ可能性を実証している。

第二節　体験活動がもたらすもの

（一）学校教育現場における実情と課題

高階（二〇一四）によると、日本の子どもたちの自尊感情は、他国と比較して極めて低いと指摘されている。このことは内閣府による「我が国と諸外国の若者の意識に関する調査」（二〇一三）の結果からも明白である。子どもたちの自分自身への満足度や長所に関して、肯定的な回答率が極めて低い。かりに国民性による影響を加味したとしても、放っておけない数値といえよう。

自尊感情の乏しさは、成功体験の少なさが大きく寄与している。そもそも子どもたち一人一人に対して、真の体験ができる場が十分に保障されているのだろうか。あえて真の体験と限定して表記するのは、ただ体験の場に身を置くだけでは、体験活動というブラックボックスを介して得るものは乏しく、新しい人間形成には繋がらないからである。彼ら一人一人の取組に対する意識のレベルが、活動自体の教育効果を大きく左右する。大切なことは子どもたちが、取組に対して参画できているのか否かである。

その一方で、体験活動を企画・運営する指導者の意識の度合いが問われている。特別活動における学校行事や児童会活動・生徒会活動の実態は、まだまだ課題が山積していると言える。もちろん校種間で差異がありはするものの、指導者の意識として、子どもたちに主体的な活動を通して人間形成を図ろうとする企図があるのかどうか、再確認が求められる。

ここで学校行事に着目すると、子どもたちの実態は毎年異なるのに、企画内容は前年度のものを踏襲する傾向にありはしないだろうか。また教員の多忙化が拍車をかけ、会議での熟慮というプロセスが軽視されてはいないだろうか。そもそもねらいを明確にしたうえで、子どもたちの実態を見極めることで、企画内容が定まる。この手続きを丁寧に進めることで、より教育効果の高い学校行事や児童会活動・生徒会活動が、機能するようになる。留意すべきことは、体験活動をすることに意義を見いだすのではなく、活動を通して子どもたちにどのような人格形成を目指すのか、実態を踏まえた指導者間における闊達な議論が不可欠である。

(二)「道徳的価値」への気づき

体験活動がもたらすもの、それは子どもたち一人一人が、体験を通してどのような気づきを得ることができたのか次第である。場合によっては当事者自身が、自己認識できていなくても潜在的に体得している場合もある。ただし前提条件として、子どもたち一人一人が、体験活動に自主的・自発的に取り組めていなければならない。

「インド異文化・ボランティア体験セミナー」を取りあげると、本活動に参加した学生の語りの中で、自らの変容について自信をもって最も当てはまる言葉で表現できていたことが印象的である。これは学生が自らの特性を生かしながら、マザーハウスでのボランティア活動に参画することで、新たな道徳的価値の内面化へと繋がったものと捉える。例えば「思いやりの心」に着目すると、ボランティア活動を通して、道徳的実践を引き起こす原動力である道徳的価値への理解を深め、利用者のみなさんと関わることで、それを具現化できたのである。

これを学校教育に置き換えると、道徳の時間における学びを踏まえ、体験活動を通して新たな道徳的価値への気づきを促し、それが暗黙知となり、日常において自然に再現できるようになる。道徳的価値の内面化では、体験活動などを通して、人や自然など様々な関係性の中に身を置きながら道徳的価値を体得する。より教育効果を高めるうえで、体験活動に関する事前指導や事後指導を通して、活動全体を俯瞰しつつ話し合ったり、ふりかえりの場が必要になる。指導者は、活動の中身を踏まえ、子どもたち一人一人に「次の一手」を意識させることで、より定着が図られるものと考える。

(三) 「ふりかえり」による内面化

体験活動を通して学び得たことの定着を図るうえで、「ふりかえり」の時間が果たす役割は大きい。活動を通した気づきが当事者自身にとってどのような意味をもつのか、自分の言葉で最も適確に表現しようとする作業である。「楽しかった」とか「つまらなかった」とかのレベルに留まるのではなく、活動終了後の間もないタイミングにおいて、さらに一歩踏み込んで、自分自身の気づきを言葉で可視化する。同時に、自らの行動への意味づけを行い、その行動を引き起こした原動力そのものを明らかにする。まさにこれこそが体験活動を通して、新たに体得し得たものである。

体験活動に取り組んでいる時は、無意識のうちに行為を繰り返している。もちろん考え判断し行動に移しているのであるが、その一つ一つについて意識化が図られているわけではない。だからこそ、無意識の状態での学びを意識の世界に引き出してあげることが、体験活動を通して学び得たことの具現化に繋がる。

ところで、日常の学校教育の場においても、「ふりかえり」の活動を行っている。終わりの会で今日一日をふりかえって、どうであったかを見つめ直す時間である。様々な人と人とのかかわりあいの中で、体験活動として特別に企画されたものでなくとも、普段から人や自然とのかかわりを通して学び得ているものは多い。

「インド異文化・ボランティア体験セミナー」での「ふりかえり」の時間においては、引率の伊藤教授がファシリテーターを務め、学生一人一人と対峙し、行為の本質まで追求することを徹底していた。待つ姿勢を崩さず、表現された一言一句を丁寧に取り扱い、その言葉を発するに至った経緯をはじめ、様々なバックグラウンドを整理しながら進めていたのが脳裏に焼き付いている。

（四）深まる自己理解と他者理解

「ふりかえり」の活動はグループで行い、当事者の発言はもとより、周りからの意見を受け止めることですり合わせの作業を行う。人は誰しも自らの特性について、認識できている範囲は思いのほか狭い。このことはジョセフ・ルフト（一九九五）、ハリー・インガム（一九九五）による「ジョハリの窓」のモデルが参考になる。

モデル図として榎本（一九九七）を、図2に示す。ジョハリの窓の第Ⅰ象限と第Ⅲ象限は、本人が認識できている領域である。この象限幅については個人差があり、拡幅するには体験活動等の気づきを促す場の保障が不可欠となる。ここで注目したいのが、第Ⅱ象限である。本人は気づいていないが、周りの仲間は気づいている特性である。これは「ふりかえり」の活動等を通してのみ、本人に新たな気づきをもたらす。体験活動を通して映し出される本人がもつ特性について、周りの仲間から他者理解の発言として伝達される。

体験活動を通して、子どもたちの人格形成を図るうえで、彼ら自身が自己理解を深めることが肝要である。自分の特性に幅が出てくると、連動して相手を見る目の幅が広がる。つまり自ら自尊感情を高めるとともに、相手のことを理解しようとすることに繋がる。それが結果として、道徳的価値への理解をもたらし、道徳的実践を引き起こす原動力になる。

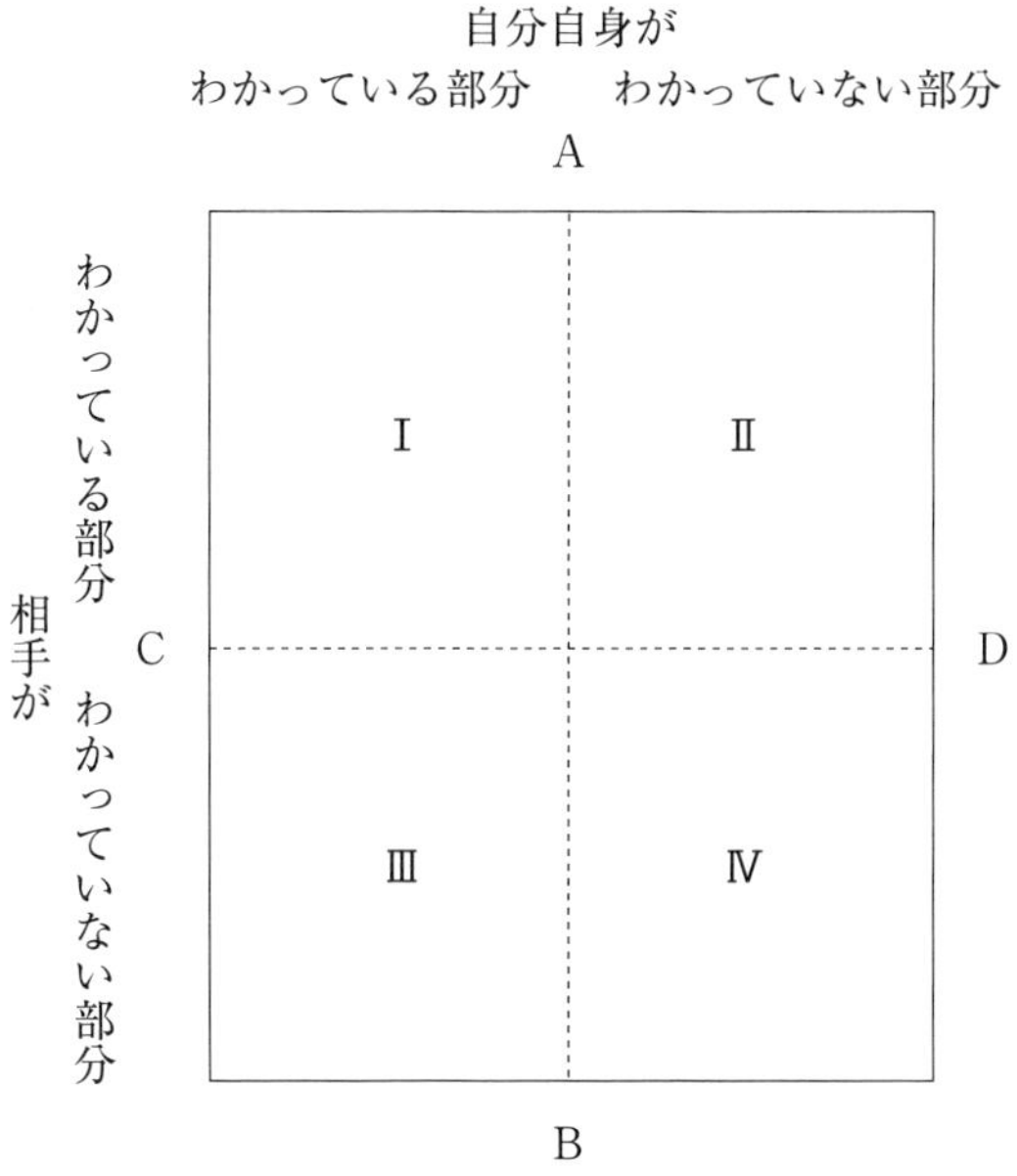

図2　ジョハリの窓

例えば相手を思いやる心は、自己理解を深めることにより、相手を受容できる領域が拡大し他者理解が進み、より多様な関係性の構築を可能にする。知的理解を内面的理解へと押し上げるのは体験活動であり、体得しえたものは暗黙知として存続し日常生活において再現されるのである。

第三節　「インド異文化・ボランティア体験セミナー」からの学び

（一）マザーハウスでのボランティア活動に同行して

マザーハウスでのボランティア活動の、朝は早い。一枚のパンとバナナ、ミルクをいただいた後、礼拝に参列し気持ちを新たにする。世界の各地から様々な思いを胸に秘めて集まった同士たちに囲まれ、参加した学生の意識が日を追うごとに変容していった。三週間という期間を通して、彼らの心が大きくゆさぶられ、利用者のみなさんへの思いが高められたと捉える。

社会から必要とされていないという絶望感に打ちひしがれている彼らに対して、純粋に「愛」を注いでいる学生らの姿を目の当たりにし、自らの心の持ち様の変容に接することができた。当初は足が重かった学生たちが、最終段階では多少の疲労感を押しのけてでも、彼らに会いに行くと言って頑張っている姿を目の当たりにし、本プログラムが持つ秘めた力を確信できた。

筆者も、彼らとフェイス、トゥ、フェイスで、手を合わせてさすったり、握ったりと、たとえ言葉は通じなくても気持ちを通わすことができたことを思い出す。終始無言の方、悲しげなリズムなのになぜか心が和む口笛を吹き続ける方、力強く手を合わせ握り返してくる方、多様な利用者のみなさんに接し、必要とされている自分を強く実感できた。今、自分自身が取り組んでいることは、利用者のみなさんが必要であると求めていることであり、自らの存在意義を再認識できた。私と同様に学生も、役立てているとの実感のもとで自尊感情を高めることができたことを確信する。

（二）深い共感をもたらす実体験

共感とは、相手に寄り添いその気持ちを受け止めることを指す。ただし、当事者間において、心理的な一定の距離を保つことが不可欠である。かりにこれを無くすと、冷静な判断が失われ、相手の気持ちに盲従することになりかねない。もともと共感と同情とは異なる次元にある。先ほど述べた当事者間における心理的な距離を無くした場合が、同情にあたる。この場合、相手の負の側面を見失うことが危惧される。

マザーハウスにおけるボランティア活動での学生の意識に着目すると、相手の心情に寄り添うことはあっても重なるということは考えにくい。それはそもそも活動に入るまでに接点はなく、むしろ不安を抱きながら臨んでいたからである。ところが、こうした不安はボランティア活動を通して、徐々に払拭される。利用者のみなさんとの関わり合いが、彼らの心をゆさぶり、自己有用感をもたらし自尊感情を高める。このことは、「ふりかえり」の時間における彼らの発言から、具体的な体験談から何に気づき、それをどのようにして次のステージで生かしていくのか、自分の言葉で表現できていたことが裏付けている。

それでは深い共感とは何か。これは、ボランティア活動を通しての気づきが該当する。相手の気持ちを受け止め、今の自分にできることを自由闊達に行為として表現する。そこには見返りを求めない施しの精神が存在し、自分自身が役立てているとの認識がこれにあたる。人は自らのエゴのために動くことはあっても、無私の心で相手と関わることは高次元にあたり動きとしては乏しい。だからこそボランティア活動を通した経験値は、こうした課題をも乗り越えており、教育効果が高い取組であることが明白である。

(三)　見いだせた新たな人生観

人生は自分の生き方を探す旅でもある。自らの生き方を見いだすうえで、大きな影響力をもつものとして、体験活動があげられる。もちろん書物に接し、活字を通して自らのこれからを見据えることも一つの手立てである。しかし、活字の内容を具現化するとどのようになるのか、その際の対応はどうすればよいのか、体験活動は自ら確かめられることから大きな影響力をもつといえよう。

筆者の目に映った学生の姿からは、新たな価値観に気づいた様子を垣間見ることができた。一例をあげると、インドに出発するまでの数十時間の事前学習では、主たる理由として単位取得をめざして登録したため、意欲という点では課題が見え隠れしていた学生がいた。不安を抱きながらインドへと向かった。しかしプログラムが進み、彼の動きを見るにつけ、まさに杞憂であった。帰国後、数か月経った時、偶然にも直接話をする機会を得た。その時、開口一番に飛び出した言葉が、インドでの経験知とそのことが自らの生き方を大きく左右したとのことだった。具体的には就職活動に取り組んだ結果、自信を持って面接に臨むことができ、その場で自らの経験を語り、それが今の自分にどのように影響しているのか、そして今後どのように生かしていくのか、明確に答えることができたというのである。

それではこの学生に自信をもたらせたものは何か。それは本プログラムを通して、自ら考え、判断し、実践し、そこから何を学び取り、それを今後どのように生かしていくのか、伊藤教授のいう「次の一手」を自らの力で構築できた自己肯定感にある。自らがアクションを起こし、そこから学び得た中身は、血となり肉となり、新たな自らの生き方をもたらしたのである。

（四）　持続する体験を通した学び

体験活動を通した学びは、暗黙知として持続する。時間的なブランクを問わず、学び得たことを日常生活において再現できる。本プログラムを取りあげると、例えば人との関わりにおいて優しくできることがあげられる。義務的に人に優しく接するのではなく、相手を慮りながら関わることを、自ら率先して行うことができる。これは道徳的価値への内面的理解に基づくものであることから、類似した場面が訪れるごとに、同様の行為が実践として再現される。

これまでの学校教育現場では、道徳の時間における道徳的価値への学びが、道徳的実践として具現化に繋がり難いことが問題視されてきた。生徒指導でいう「分かってはいるけど、行動に移せない」の課題に相当する。子どもたちにとって、自らの行為は「ああ、なるほど」という納得の後、それを踏まえて行動化へと繋がる。心にストンと落ちる納得感は、道徳の時間での学びに加えて、特別活動での体験活動の場を通して新たな気づきとしてもたらされる。道徳的価値への気づきを、具体的な実践の場を通して体得し、再び日常生活の場において再現できるサイクルを、教育課程の中に組み入れることが重要になる。各取組を意図的に組み合わせ、大きなサイクルで機能させることで、子どもたちの人間形成に寄与するしくみができる。その際の留意事項として指導者は、体験活動は行うことに意味があるのではなく、体験活動を通して子どもたちの人間形成に何を期待するのかに着目し、彼らが主体的かつ自主的に取り組める企画・運営にすることである。

第四節　豊かな心を育むために

（一）「ロールプレイ」による追体験

道徳教育において内面的理解へと繋げる教育実践は、ハードルが高い。すでに述べてきたように道徳的価値に対する理解に到達したとしても、それを日常の場で具現化することは困難である。このことは子どもたちに限らず大人にも当てはまり、社会が抱える問題でもある。

それでは理解を実践へと押しあげる手だては何か、体験活動に加えて、疑似体験ではあるがロールプレイも効果的な取組の一つである。道徳の時間に用いられ、役割を演じる体験を通して、道徳的価値への気づきを促す。指導者は子どもたちに、資料の場面に身を置いて考えようと授業を展開するが、設定場面自体が子どもたちの日常とかけ離れていると、真の理解へと導くには困難が伴う。

そもそも日常場面で道徳的行為を実践することがなぜ難しいのは、課題解決に向けた思考が、子どもたち一人一人の内面に留まり、理解が自己完結してしまうからである。そこで他者との関係性を踏まえた思考を展開するうえで、ロールプレイは自らの判断を見直し修正できる特長を生かすことができる。

実際に中学生を対象に実践してみると、シナリオなしのロールプレイの場で、発言等の対応ができずに戸惑う生徒が現れる。そのとき指導者は生徒に対して、決して咎めることなく、「よかったよ」と褒め、理解を実践に繋げることの困難さに共感することからはじめる。日常生活において、決して行為に模範解答はない。ロールプレイによる追体験を通して、道徳的価値への気づきがもたらされ、内面化が図られることに注目したい。

（二）ノンフィクションを生かした道徳の時間

ロールプレイによる教育効果を高めるには、資料の場面設定が子どもたちの日常に近い内容であり、ノンフィクションであることが望ましい。道徳の時間で、彼らが資料の場面に身を置いて考えるとき、経験知のないことや将来経験しないであろう中身については、追体験に至ることはかなり難しいと考えられる。大切なことは子どもたちが資料の場面に身を置き、自分ならどのように判断して行動に移すのか、自分のこととして考えられる内容であるのか否かが問われる。

ここで実践事例を取りあげる。あらすじは以下の通りである。高校の部活動（高校野球）において、春の大会ではレギュラーであった生徒Aが、夏の大会の出場メンバーから外され、練習に出て来なくなる。当該生徒の友人である補欠の生徒Bは、心配した監督から生徒Aに連絡をとるように依頼され、どうしようかと悩んでしまう。もちろん選手Bは、練習を欠かさずに続けている。

ロールプレイは、生徒A役と生徒B役をステージに出して、電話機を用意して行った。役割を交代し、立場の違いを乗り越えながら理解を深めた。双方の役割を演じることで、自己理解・他者理解を深めることに繋げた。できるだけ多くの生徒がステージで演じられるように、多くの機会を設けた。演者にとっては、観衆からの意見をもとに、自らの演技がどのように映っていたのか、再確認できる場になった。これまで本人が気づいていない特長を、周りからの意見によって気づき確かめることができた。

今回のロールプレイでは、電話をする場面を設定したものの、生徒から「そっとしておいて欲しいのでは」との意見が出され、相手の気持ちを斟酌した行為のあり方についても、柔軟かつ多様な対応が日常生活の中にあることへの認識を共有できた。道徳の時間では、考え発表や表現した内容に正解はなく、何よりも主体的に取り組むことを追求したい。そうすることで子どもたちに気づきが促され、豊かな心を育むことに繋がる。

第五節　「持続可能な開発のための教育」を創る

(一)「愛」の精神とのかかわり

本学は建学の精神として「自由」と「愛」とが取りあげられている。大学紹介には「自由には他者への愛と責任がともないます。自由とはひとりひとりの人格と主体性を尊重すること、愛とは互いに仕えあいながら共に生きること」と記されている。

人は一人では生きていくことはできない。他者とのかかわりの中で、共に生きていくものである。その際、衝突や対立が生じたり、それを乗り越えて理解と協調へと着地できることもある。相手を思いやる心を具現化するということ、つまり「愛」の見える化を図るうえで、体験活動がもたらす教育効果は大きい。また道徳の時間におけるロールプレイによる授業実践についても、他者理解への気づきを促すうえで効果的である。

互いに仕えあうことで実現できる「愛」を実現するためには、まずは自らを知り、そして周りの仲間を知り信ずることが肝要である。自ら知り得ている特長がほんの一部分にすぎないことを再認識するとともに、知り得ていない領域については、他者からの情報を得る取組を試みたい。人と人が接点をもつことにより生じるメリットとリスクについて斟酌すると、知り得なかったことを知るメリットは、知らないままで一生を終えることを大きく上回る。真の「愛」を実現しようとするうえで、互いに思いやる心をもって接することが求められている。ただ、理解と実践とは次元を異にし、後者を実現するうえでハードルは高く、この教育課題を乗り越える手立てとして体験活動が鍵を握っている。

ところで本学の「インド異文化・ボランティア体験セミナー」は、「愛」の本質に接する場面が設定されている。

マザーハウスでのボランティア活動を通して、社会から見放された利用者のみなさんに、心を開放して関わることで、自分自身の自己有用感を実感するのである。自らが役に立っていることを、相手からの言葉や表情、ノンバーバルな情報を通して実感し得た時、学生の心に相手を思いやる心がなぜ有用なのかについて、道徳的価値として内面化が図られる。これは本プログラムに潜在的に仕込まれた仕掛けでもある。体験活動としてボランティアに参画することで、これまで見えていなかった諸価値が浮き彫りになったと考える。道徳的価値の可視化に向けて、体験活動を通した気づきが後押しすることになる。

（二）「違い」を乗り越えて

これからの社会は、ますますグローバル化が進むことが予想される。同時に、子どもたちの生活範囲は、拡大の一途を辿るであろう。そこで人種、言語、宗教、文化、慣習など、違いを乗り越えられるように、柔軟かつ多様に対応できる力が問われることになる。

学校教育現場では、「違い」を乗り越えられず、認め合うことができずに、いじめの問題などに発展するケースが後を絶たない。国立教育施策研究所の調査結果から、特定の子どもがいじめの対象になっているのではなく、常に入れ替わり、小・中学校を通していじめられた経験値を持たない子どもはほんの数パーセントにすぎない。自らがいじめの対象にならないように、必死で周りの様子を伺いながら、おどおどと学校生活を送っているというのが、子どもたちの実態である。

さすれば本学の「愛」の精神に則り、「違い」を「違い」として尊重し、そこから学び合う姿勢が育まれることを切望する。異文化理解には、知ること、認めること、共に歩めることの三段階を克服し、信頼関係の構築が不可欠である。すでに述べてきたが、理解から実践へと押し上げる力は、子どもたち一人一人の心のあり方に依拠しており、それを培う教育のあり方が鍵を握る。指導者がどのような経験知を持ち、どのような思いで子どもたちと接し、どのような願いを抱いて教育活動に臨んでいるのか、今こそ「愛」の精神の本質を問い正し、それを実践することが求められている。本学が目指す「自由と愛」の精神を具現化することを、未来に向けた教育のあり方として提案する。

これらの条件を満たす取組として、体験活動や異年齢集団活動、サービス・ラーニングなどがあげられる。いずれも子どもたちが主体的、能動的に活動に取り組むことが特徴である。自分を取り巻く諸課題に対して、傍観者ではなく当事者意識を持って臨むことで、「違い」を乗り越えられると考える。

(三) これからの学校教育への期待

子どもたちと接する際に、穏やかで幸せな表情や態度に、つい安心してしまうことがある。しかし冷静になり、真に子どもを理解しようとするのであれば、彼らの生活背景を含めて丸ごと受け止めなければ、心の内を観ることはできない。時間をかけて本音と向き合うことができなければ、指導者が思い込みや独りよがりに陥り、指導を誤ることさえ危ぶまれる。日々、「I THIRST」が意味する「心の渇き」を埋める教育活動が求められている。

学校教育現場が抱える課題は多岐にわたる。心の問題に限定したとしても、いじめ、不登校、虐待、暴力、非行など数多くあげられる。子どもたちとの関わりの中で、学校で見せる動きや表情にかなりのバイアスが影響していて、主に人間関係を維持するために、様々な思いを巡らし、危機を回避しようとしているのが実態である。そこで「愛」の精神にある「共に仕えあう」姿勢を全うすれば、課題解決に向けて一歩を踏み出せる。そこでは相手を慮るうえで、まずは自らを知ること、自己理解から始めたい。自らの強みと弱みの双方を自覚したうえで、相手と向き合うことで、相手を受け止めやすい環境づくりができる。自己理解・他者理解を深めることが、望ましい人間関係の構築に向けた潤滑油となり、雰囲気の改善がもたらされることを期待する。

それでは自己理解・他者理解を深める取組が、今の学校教育現場ではどのように展開されているのか。体験活動が人間形成にもたらす教育効果が高いことを踏まえると、物足りなさを感じるのは私だけだろうか。なるほど確かに学校行事は行われているものの、その企画・運営の中身を注視してみると、子どもたちが主体的・自発的に取り組み、新たな気づきを学びとれているという点では課題を残している。

現在、改訂作業中の次期学習指導要領において、アクティブラーニングに見られる、自ら考え、判断し、実践でき、仲間と協働して新たな知見を創造する力、などの育成が重視されている。子どもたちが主体的に取り組める体験活動の場を設け、実践を通して学び得た中身について、「ふりかえり」を通して自分の言葉で表現し、達成できた中身と残された課題を整理する。さすれば自らの生き方を見据えた、「次の一手」が見えてくるはずである。「今がこうだから、次はこうしてみよう」という、自発的な取組が期待できる。それが心を満たす活動として、「自由」と「愛」の精神に根差した取組として、学校教育現場において多様な形で展開されることを願ってやまない。「I THIRST」(「心の渇き」)を潤そうとする視点を生かすことで、子どもたちの自尊感情が高まり、学校教育現場の子どもたちに居場所ができ、ひいては健全な学校づくりの実現がもたらされるのである。

参考文献

1　五十嵐薫『マザー・テレサの真実』PHP文庫、二〇〇九年
2　角田豊『カウンセリングと共感体験』福村出版、一九九八年
3　国立教育施策研究所「いじめ追跡調査二〇〇七－二〇〇九」、二〇一〇年
4　松岡敬興　島田勝正　冷水啓子　吉見研次　伊藤潔志『文部科学省委嘱事業　総合的な教師力向上のための調査研究事業（平成二六年度教育課題に対応するための教員養成カリキュラム開発）報告書』桃山学院大学教職課程委員会、二〇一五年
5　松岡敬興「特別活動におけるいじめ防止を促す「体験活動」に関する研究――ドイツ・ヘッセン州における「Service Learning」の取組

に学ぶ」『桃山学院大学総合研究所紀要』第四〇巻三号、二〇一五年
6　桃山学院大学二〇一二年度春期体験型プログラム参加者一同『二〇一二年度春期体験型プログラム報告書』桃山学院大学国際センター、二〇一三年
7　西川潤『マザー・テレサ』大月書店、一九九五年
8　沖守弘『マザー・テレサ　あふれる愛』講談社、二〇一〇年
9　高階玲治「課題研究Ⅰ　特別活動における社会性獲得に関する調査の結果を踏まえて」の配布資料、日本特別活動学会第二三回福岡大会、二〇一四年

《アンデレクロスの八章》「世界の市民」に向けて
『アンデレクロス』（桃山学院大学広報第 96 ～ 112 号、2000.10. ～ 2003.12. 所収）

村田晴夫

目　次

第一章　現代文明と教養（『アンデレクロス』No.96, 2000.10.）（ゲーテ）
第二章　地域社会と世界市民のために（『アンデレクロス』No.98, 2001.1.）
第三章　文明の変貌と転換（『アンデレクロス』No.102, 2001.12.）（ホワイトヘッド）
第四章　「自由」と「愛」について（『アンデレクロス』No.104, 2002.5.）（CUAC）
第五章　「愛」そして「開く」ということについて（『アンデレクロス』No.106, 2002.10.）（ロマン・ロラン）
第六章　「自由」と「愛」と「家庭」（『アンデレクロス』No.108, 2003.2.）（トーマス・マン）
第七章　「生きられる学問」のために（『アンデレクロス』No.110, 2003.7.）（岡潔）
第八章　世界の平和そして愛（『アンデレクロス』No.112, 2003.12.）（福永武彦）

各章にそれぞれ要約（冒頭〈〉部分）を付した。全文または一部を割愛した章もあるが、要約がその欠を補ってくれることを期待している。各章で引用されている人名あるいは団体名を、複数の場合は主要な１名を選んで各章ごとに括弧で表記した。また、一部、原文の表現を改めた個所もある。

************************************《アンデレクロスの８章》************************************

第１章　現代文明と教養――「世界の市民」に向けて（1）

〈要約：世代を追って変化していく現代文明、その中で「世界の市民」への自己生成はいかになされるのかを考える。

「世界の市民」とは①自己を、自立した、自由な人間として確立して行くこと、その人間形成を基礎として、②民族・宗教・国家の枠を超えて、全人類としての世界という自覚に立って、③現代文明の諸問題に自ら立ち向かっていく人間である。そうしてそこに④宇宙の愛と真理に沿う方向で自己を生成していく人間である。それを成し遂げる力となるも

のが教養である。教養は、専門性を生かして自己を実現するための土台であり、より豊かな自己を生成することである。
それらのことが、ゲーテ『若きウェルテルの悩み』を引用しながら語られる〉

「世界の市民」としての自己を造る、これを目指した教育をすることが桃山学院大学の使命です。それは具体的にどのようなことでしょうか。それを何回かに分けて、お話していきたいと思います。今日はその基本前提となる現代文明の特質と、教養ということの意味について述べます。

現代はめまぐるしく転回する流れの中にいて、人々はその流れに合わせて自分をしっかり確立していかなければならない時代です。その傾向はますます激しくなるでしょう。そして21世紀には、もっと根元のところに影響を与えるような変化がやってくる可能性があります。人々は、表面の変化に対応していけばよかった時代から、自分で積極的に流れに参加し、流れを惹き起こすような、より冒険的な人生を覚悟しなければならない時代に入りましょう。

このような来たりつつある現代という時代に、どのように自分を造り上げ、行動していくべきか、それにたいする答えが「世界の市民」ということの中に見いだせるのでなければなりません。

「世界の市民」とは、まず自分を自立した、自由な人間として確立し、独立した生活を何ものにも妨げられない自分自身のものとして世界の中で打ち立てることが出発点になります。そして、民族・宗教・国家の枠を超えて、全人類としての世界という自覚に立って、現代文明の諸問題に対処すべく、自ら立ち向かっていくことのできる人間でなければなりません。そうすることによって宇宙の愛と真理に沿う方向でより深く、より高く、自己を実現すること、これが「世界市民」のイメージです。

教養とは、これに関わって、よりよく自己を確立することであり、専門性をより十分に生かして自己を実現するための土台であり、またその成果をとりいれて新しい自己をより豊かにすることであります。教養とは、造り上げておしまいとなるものではなくて、絶えず造り上げていくものであり、その活動の過程をこそ教養というべきなのです。生きる、生活するとは、自分を造り上げていく過程であり、それはその人が生を終えるまで継続します。そしてそれこそ、つまり自分を造り上げることこそが教養なのです。

現代文明において失われつつあると懸念されること、教養の喪失につながると心配されることのひとつは、空洞化しつつある文明の芯の部分を忘れることであり、それによって教養の芯となるものが見失われる、ということです。

「電車がどういう仕組みによって走るのか知らなくても一向に構わない。人々はただ電車がどう動くかを予測できればよいのだ」とマックス・ウェーバーは述べています（『職業としての学問』岩波文庫）。それが近代文明の本質なのです。コンピュータと、インターネットに象徴される現代文明ではいっそうこれが進みます。わたしたちはそれが作動する理屈を知る必要はありません。ただそれらが使えればよいのです。これが近代そして現代の文明のスタイルなのです。そしてここに問題点があります。それはわたしたちが大きなブラックボックスの上にのせられていることです。これは教養のなかに大きな穴を開けることになります。このような時代がやってくるほんの少し前までは、わたしたちは自然と触れることと古典文学を読むことを通して、教養の破れ目をふさぐことができていました。たとえばそれをゲーテによって見てみましょう。

ゲーテの青春時代の作品で、だれでもその名を知っている『若きウェルテルの悩み』に次のような一節があります。「なんと幸せなことか、自分が畑で作ったキャベツを食卓にのせる人の、素朴で無邪気な喜びを感ずることができる。」美しい自然に囲まれてウェルテルはこころを開放し、ホメロスのオデュッセイを読みながら、こう感ずるのです。「その人が植えた美しい朝、水をそそぎ、成長を喜んだ愛しい夕べ、それらのよき日々を（キャベツを食卓にのせたときに）一瞬のうちにすべて味わいかえす、そういう喜びをまるで自分のもののように感ずることができるとは。」（一七七一年六月二十一日の日付の手紙）そのときウェルテルはえんどう豆を自分で火にかけてバターであぶっています。火のそばに座りこんでときどき揺りまぜたりしています。その動作がホメロスのオデュッセイのなかの一節と重なってくる、ということになっているのですが、これを書いたときのゲーテは二十五歳。自分の体験をウェルテルに託して書いているのです（『若きウェルテルの悩み』岩波文庫、新潮文庫など）。

こういう経験はたいへん素晴らしく、貴重です。いま、食事をするときに、こんな想いをもつことができるでしょうか。

文明が進歩して、社会が物質的に豊かになればなるほど、こういう想いは失われていきます。キャベツがどのように育てられたか、あまり考えなくなりますし、たとえ考えてみたとしても、キャベツや多くの農作物はもっとザッハリッヒ（即物的）に育てられているに違いありません。それが近代文明の形なのです。あまりにも即物的になりすぎること、これが現代文明の問題です。それは植えるときの喜び、育てるときの喜び、そしてその成果を食卓の上に見て、それらを育てるまでの苦労も忘れて、すべてが喜びの中に包み込まれるというあの感激、そういったことが、現代人の心から離れていってしまうこと、これが問題なのです。

ウェルテルはホメロスを読んでいました。わたしたちも、ゲーテや、マックス・ウェーバーを読むことができます。マックス・ウェーバーの中にはゲーテが出てきますし、ゲーテにはホメロスが出てきます。こうして遡っていくと、わたしたちは文明の始原、人間の文化の源に触れることができ、そして教養としての人間形成の基礎に行き着くことができるのです。

文化は文明社会のいわばこころに当たるものなのです。このこころをわがものとすることから、「世界の市民」としての行動のセンスが生まれるのです。

(『アンデレクロス』No.96, 2000.10.)

****

第２章　地域社会と世界市民のために――「世界の市民」に向けて（2）

〈要約：地域社会における「世界の市民」の育成の意味を考える。地域社会がグローバリゼーション、そして家庭との対比において捉えられ、その中で大学自体が「世界の市民」として自己を位置づけて、果たすべき意味を考える〉

世界がインターネットで結ばれています。情報が瞬時に世界中の各地にとどきます。そしてそれに続いて品物が届き、ものがいっそうはやく、安く、行き交います。人の往き来も世界に広がり、交流できるようになり、お金もまた動きます。新しい時代へと進みつつあることはだれもが実感しています。このような時代の変化の中で、関西はその位置をこれまで以上に確立していくことが求められます。それは地域社会の伝統を継承しつつ、地域の文化特性を現代において解釈して具体化することであり、言い換えますと、文化の継承と発展であります。そして桃山学院大学は分けても南大阪という地域社会において、その一員として、地域社会の文化の継承と発展に責任を負うのだといえましょう。

世界の文明が、いま情報化とグローバリゼーションを大きな軸として、地域社会の文明として展開していこうとしているとき、またその流れは関西の、そして南大阪の文明発展の大きな枠組みを担うものでありましょうし、またそうでなければなりません。しかし文化には関西に固有のものがあり、そして南大阪に固有のものがあるのです。これをわれわれは共有の財産として育み、それを共有のこころとして地域社会を形成していかなければなりません。文化は私たちが共有する生活のこころなのです。文化は前回取り上げた教養ということと関連しあっています。文明はそのこころを内にもって、生活の形を作り出していくもの、つまり生活の形式なの

です。これらの内なるこころ（文化）と外へ向かう形式（文明）とは調和あるものとして形成されなければなりません。その調和の形成が遅れるとき、社会にはいろいろな問題が起こります。調和の未熟さは人々に不安感を与えますし、とかく人々の間に摩擦を惹き起します。そして外に向かって戦闘的になるか、または内に対して自滅的になります。

これは家庭の崩壊と似ています。家庭は内に健康な心を持たなければなりません。それは愛のこころです。そして愛を育み、発展させるためには経済的にしっかり自立した家計がなければなりません。それが外へ向かう積極的な要因なのです。経済的な自立と家庭内の愛の心、これが調和していることが家庭の維持には必要です。その調和に参加する大切なものが二つあります。一つは心身の健康と安全です。これは社会の連帯のなかで形成される安全と安心のネットワークによって支えられるものです。もうひとつは子孫への継承です。子供を産み育てること、そしてよりよい教育をすることです。これもまた、一家庭の枠を超えて、社会のネットワークにおいて支えられるべきものです。家庭においてこれらのどれひとつが不十分であっても、家庭は不調和を来たすでしょう。そしてその救済がなければ崩壊するでしょう。

地域社会はその意味で家庭に似ています。地域社会の文化と文明が調和することが必要だと申しました。地域社会もまた、グローバルな文明にしっかりと対応していかなければなりませんし、かりに地域社会を行政単位として捉えたときには、それらの行政体は広く連携していくことが必要であります。それは健康と安全と安心のためのネットワークということでありますし人間教育と生涯学習ということへの地域社会としての参加であります。そのときにまたぜひ考えなければならないのは、健康とは何かということであります。人間は必ず病みます。病むこと、苦しむことが実は当然のことなのです。では健康の条件は何かといいますと、それは病を自覚しつつ、前向きに生きることだということです。地域社会にもこれがあてはまります。地域社会の健康ということが言えます。地域社会の健康の条件とは、病む人々を知り、苦しむ人々を知り、それらをわがこととして受け入れることであります。安全と安心についても諸条件の相互関係において同じように考えられなければなりません。安全については特に防災と環境問題が大きな問題として含まれます。

さてこれらはいわば地域社会の内向きの側面です。いわば文化の側面です。文明の側面はやはり二つ考えなければなりません。一つは先に述べた文化の側面を事業として具体化することです。ここに最新の文明的技法を導入することを図るのです。もう一つは経済的発展です。これは必然、地域社会をとりまくより大きな社会とグローバルな地球社会全体との文明的・経済的技法と関わってきます。

大学はこうした地域社会とグローバルな社会との間を媒介する役割を担うべきであります。それは第一に地域社会の構成員としての自覚を持つことであります。すなわち大学は地域社会にあって、自らが一つの家庭のごとき役割を担うということを意味します。それを整理して言えば、内にしっかりしたこころをもつことであり、外にたいして広く開かれた教育と研究を進めることであります。内に抱かれたこころは文化と総称されますが、大学ではこれは教育理念に当たります。わが桃山学院大学では、これこそ「世界の市民」を養成することという建学の理想に当たるものなのです。外に向かって開かれた教育と研究は、この理念に立脚した深い教養に支えられて、経済と社会の文明の理法と技法に交わっていくべきものなのです。それはすなわちグローバルな地球社会の文明を絶えず地域社会に媒介することに努めることでもあります。

このように見てきますと、桃山学院大学がそれ自体としてひとつの「世界の市民」のごとく、しっかりと自立しながら、自由な立場に立ちつつ、社会においてその役割を果たしていくのだということが見えてまいります。

（この稿は「大阪府南部市議会議員研修会」（平成13年1月15日）における講演「地域社会と大学」の一部に手を加えたものである）

（『アンデレクロス』No.98, 2001.1.）

****

第３章　文明の変貌と転換 ――「世界の市民」に向けて（3）

〈要約：変化の時代に磨く「世界の市民」について語る。教育の問題が重要である。文明の転換と変貌を区別し、文明がその骨格まで変革されることを「転換」と呼び、骨格はそのままで、一世代ほどの比較的短期間において生活の形式の変化として現れる文明の姿を「変貌」と呼ぶことにする。20世紀の文明の変貌の歴史を振り返りながら、いま進展しつつある文明の転換の時代の変化に対応する「世界の市民」の生成と教育の方向について、ホワイトヘッドに依りながら考える〉

「教育の問題はつねに新しい。」これはホワイトヘッドが言ったことばです（*）。だいたい二十五年もすれば、当初の大胆な試みであったものも、陳腐なものになってしまうであろう、と彼は続けます。二十五年というのは、ひとつには文明の変貌と密接に関わっています。そしていうまでもなく世代交替の年限も意味していることでしょう。ホワイトヘッドは、有名な『科学と近代世界』（*Science and the*

Modern World, 1925）という著書のなかで、近代を世紀毎に区分してその時代の特色を分析して見せています。ややマクロにはそれでよいわけで、時代の特色と流れが鮮明に浮かんできます。そして百年刻みでよかったいまひとつの理由は、時代の変化がそういう尺度で済むほどであった、ということが挙げられるでしょう。しかし、二十世紀はもっと速いテンポで進んだのでした。

多分、二十世紀の文明は、少しミクロな視点で見ると、二十五年くらいで変貌していたのです。ここでは、私は「文明の転換」という言葉を、大きなあるいは革命的な変化という意味で使います。そして同質の文明でありながら、その相貌が変化する —— それはしばしば起こることです —— 様子を表すときに「文明の変貌」ということばを使うことにします。

二十世紀の文明は大量生産方式の普及によって導かれてきました。それは文明の転換ではなく、文明の変貌でありました。しかし、極めて大きな変貌であり、産業革命のもたらす成果が最終段階に入ったことを示しております。

この二十世紀文明の形と個人の生き方の関係が問われなければなりませんでした。その問いにたいして、人類は有効な答えを用意できたでしょうか。ホワイトヘッドはこれにたいして疑問符をつけています。言い換えますと、大量生産が機能するような文明社会の中で、人間は個人としていかに自由にありうるのか、という問題であります。ホワイトヘッドは美の問題について論じます。機械文明に呑み込まれないところの「美」というものに目を向けようというのです。これらは教育の問題にどのようにつながっていくのでしょうか。それについてホワイトヘッドに依りながら私見も交えて述べてみましょう。

「教育とは抽象的な知能に訴えるだけのものではない。目的をもった活動、知的活動、その成果の実感、これらが一体化して経験されなければならない。」おおよそこのようにホワイトヘッドは言います[(**)]。そこに「美」という感覚が生かされねばならないということです。「美」というのは、素朴には、真なることが美と一体化するということがあります。ホワイトヘッドは「真的美」ということを言っています。究極においてはこれらは「善」とも一致するのだと思います。これはアートにおいて現れます。それは芸術であり、技芸であり、技能であります。実学的技能は磨かれてアートに達するはずです。

それぞれの文明の相貌において、それに合わせた教育が求められるでありましょう。目的をもつこと、そして活動すること、知的活動、そして成果の満足と不満足の実感。これらが教育において結合されて学習されなければなりません。そのとき、人間の持っている豊かな可能性を開花させることにつながらなければなりません。そのためには、人間にとっての不変なるものについても教育は目を向けなけれ

ばなりません。不変にして普遍なるもの、これを指し示すものが古典と呼ばれるものであります。それがアートに指向することを通して、人間の豊かな可能性もまた見いだされ、発展させられるのです。

私は、「世界の市民」というのはそのような、個人の可能性を豊かに発展させるような教育において培われるものだと思います。

時代の変化はその足音を速めています。わたしたちは今、文明の転換期にいるのではないでしょうか。文明の相貌が変化しつつあるのは確かなようです。それはより大きな変化の時代、つまり「文明の転換」の時代、を迎えているのではないでしょうか。

二十世紀は、ある意味で二十五年ほどの周期で文明の変貌が起こってきました。それはまた、戦争を契機として区分することができるとも言えます。第一次世界大戦までの時代が一つです。この時期は「科学的管理の勃興の時代」と呼ばれてよいでしょう。科学的管理こそ、大量生産を可能にした管理技術でした。それから第二次世界大戦の間のいわゆる戦間期です。この時代は困難な時代でした。ホワイトヘッドが「有機体の哲学」を完成させた時期でもあります。それは機械主義にたいする反省と批判でもありました。そして第二次世界大戦以降の時代から一九七〇年代までです。これはベトナム戦争の終結によって括ることもできます。この時代には新しい科学技術の成果が社会化し、科学的合理主義がいっそう進んだ時代でもありました。情報化の第一歩が記され、その後の展開の基礎が作られました。また宇宙開発が始まりました。そして公害や環境問題が起こってくる時代でもありました。さらにそれ以降の時代は、冷戦構造の終結という特記されるべき出来事で括ることもできるでしょう。この時代を私は「有限性の時代」と呼んだことがあります。無限なる者が見失われた時代、という意味です。

戦争で括られるのは悲しいことです。しかし二十世紀の歴史を見るとき、どうしてもそういうようになってくるのです。

いまわたしたちは「文明の転換」期にいます。それは何度か書いたように、情報化ということが大きな要因です。グローバリゼーションもあります。それらのもつ複合的性格がますますはっきりしてきたようです。二十一世紀は二十五年よりはもっと速いテンポで文明の相貌が変わるでしょう。そしてこの九月十一日の同時多発テロ以来、世界はまたもや不安な時代に入ってきました。新しい形式の戦争が始まりました。

そのような変化と不安の時代にも耐えることのできる自己を造っていかなければなりません。教育はそれを目指さなければなりません。その方向は「世界の市民」を養成することであり、我々はそれを目指して進むのであります。

（*）　Whitehead, A. N., *Essays in Science and Philosophy*, Part 3. Education, 1947., New York, Greenwood Press, 1968, p.151.

蜂谷昭雄他訳『科学・哲学論集（上)』第三部「教育」(ホワイトヘッド著作集第14巻)、松籟社、1987年、181頁。

(**)　Ibid., p.164. See also SMW, Chapter 13. 邦訳、上掲、196-198頁。また『科学と近代世界』の第13章「社会進歩の要件」を参照。

ホワイトヘッド（Alfred North Whitehead, 1861-1947）は英国生まれの哲学者。ロンドン大学定年の年にアメリカのハーバード大学哲学教授に招聘され、「有機体の哲学」を完成。わが国では『ホワイトヘッド著作集』（全15巻、松籟社）が出ている。

(『アンデレクロス』No.102, 2001.12.)

****

第４章 「自由」と「愛」について――「世界の市民」に向けて（4）

〈要約：2002年3月15-18日、立教大学で、CUAC（Colleges and Universities of the Anglican Communication 世界聖公会系大学連盟）の第四回世界大会が開かれた。大会のテーマは「世俗化と多信仰社会におけるキリスト教大学の役割 The Role of a Christian University in a Secular and Multi-Faith Society」。

この大会で桃山学院大学の建学の精神「世界の市民」を中心に報告された内容を伝える。抄録〉

いま大学教育が置かれている状況は、一言でいって「来たりつつある文明にいかに対応するのか」という問題の中に置かれているということであります。これは世界の大学全体に当てはまることです。それにたいして大学がなすべき努力の方向は、大学教育の本質を絶えず意識し、それを時代の文明論的趨勢の中で鍛え上げること、それを通して自己の特色を鮮明にし、優秀な人材を育てることでなければなりません。

それぞれの大学がその存在理由をより鮮明にすることが求められています。そこにこれからの大学の生命がかかっているのです。それぞれの大学が教育の理念を今の時代に合うように解釈しなおし、さらに文明論的趨勢を先取りして生命を付与することを通してそれを内外に宣べ伝え、教育にそれを生かすことによって達成されるのです。

桃山学院は建学以来、「自由と愛」を基本精神としてきたのであり、一九五九年

に大学が創設され「キリスト教精神に基づく人格の陶冶と、それに基礎をおく世界の市民の養成」を教育の理念として掲げて進んできたこと、そして「世界の市民」の養成ということの建学の理念をわれわれは大変誇りに思っています。

「世界の市民」とは、自立した自由な人間として自己を確立することが出発点であります。そして民族・宗教・国家の枠を超えて、全人類としての世界という自覚に立って、現代文明の諸問題に対処すべく自ら立ち向かっていくことのできる人間でなければなりません。そうすることによって、宇宙の愛と真理に沿う方向で、より深く、より高く、自己を実現してゆくこと、これが「世界の市民」なのであります。

文明論的趨勢とは具体的に何でありましょうか。もっとも強調されなければならないのは情報化社会への移行ということであり、グローバリゼーションによって伴われているということです。この両者 —— 情報化とグローバリゼーション —— はいま、一方的な競争社会を生み出しつつあります。宗教間には深刻な断絶があります。これは広く文化と文化の間の断絶・民族と民族の間の断絶であります。

競争社会の倫理 —— それは競争の止揚をもたらす原理でなければなりません。勝者も敗者もともに最後にはそれまでよりも良くなっているのでなければなりません。それを可能にするのは「愛」であります。いまわれわれの社会には「愛」の場が欠如しています。「愛」の根本には「共に」「いっしょに」ということがあるのです。「共に喜ぶ」「共に悩む」「共に苦しむ」…「共にいる」。そして「共に」が成立するためには、自己を主張しすぎないことが必要です。

「愛」ということはどこかで自己を虚しくする —— つまり自我を放棄する —— ことが必要になってきます。そこに自由との葛藤があります。「自由」は自己を確立することから始まるのですから。これをいかに調和させるかが問題となってきます。自己が他者の喜びをわが喜びとし、他者の悩みをわが悩みとするためには、それを受け入れるだけの広さと大きさがなければなりません。そうなるように努力することによって、人間は少しずつ「自由」と「愛」の調和を学ぶことができるのではないでしょうか。

CUAC 世界大会ではおおよそこのようなことを述べました。

夜の分科会では、昼間の時間に私が触れておいた「無 Nothingness 」の思想についても議論が行われました。得るところの多い大会でした。

（『アンデレクロス』No.104., 2002.5.）

****

第５章 「愛」そして「開く」ということについて――「世界の市民」に向けて（5）

〈要約：「愛」の対象は限定されても良いのだろうか…。「愛」は閉じたものであってはならないであろう。「愛」は悲劇を超えて、その彼方に開かれているのでなければならない。ロマン・ロランの『魅せられたる魂』に見られる「開かれた愛」の姿を語る。抄録〉

（原文前半省略）

もっと大きなものが「愛」にはあるように思います。それは「挫折」の克服であり、「悲劇」の超克への力なのです。

ロマン・ロランの作品に『魅せられたる魂』という長編があります。主人公のアンネット・リヴィエールは素晴らしい女性に成長していきますが、その過程ではさまざまな苦労をします。その最たるものは、ひとり息子マルクを、全体主義体制の中の暴虐な行為によって失うことです。時代は第一次世界大戦後、そして第二次世界大戦前のことです。しかし息子には家族がいます。息子の子供（ヴァニヤ）がいます。その母親（マルクの妻）は亡命のロシア人女性です。マルクの死後、そのロシア女性(アーシャ）はアメリカ人と結婚します。そして生まれた子供（ワルドー）がいます。これら全部を、アンネットはわが家族として愛するのです。

ここには未来の家族の愛が語られているとも言えます（*）。

アンネットには息子を失った無限の悲しみがあります。まさに「聖母マリアの悲しみ」です。それを超えて、アンネットは家族を愛するのです。あるいは「愛」によってそれを超えるのです。超えたところには不安はありません。そこには「愛」に裏付けされた強さがあります。「愛」によって挫折は超えられ、そして対立を超え、悲劇を超えて進むところに「平安」があるのだということを教えてくれているように思います。

（*） 村田修身氏からの教示による。

（『アンデレクロス』No.106, 2002.10.）

****

第６章 「自由」と「愛」と「家庭」――「世界の市民」に向けて（6）

〈要約：社会はさまざまな組織体の複合として現れるのであるが、それら組織体の原点には家庭がある。家庭は「愛」を目的とした組織体である。しかしまた「愛」は実現が難しいことも現実である。家庭には自己の開放の役割があり、個の欲望の開放と衝突が日常

でもある。人間は間違いを犯す存在であり、不完全な存在であることが現れる。そして不完全だから前に進むのである。

あらゆるシステムが不完全なのである。不完全だからこそ前に進むことができるのである。それは「システム不完全性の原理」と呼ばれる。

この原理はまた、システムがそれひとつだけ単独で存在することはできない、という意味を含んでいる。人間においてはそのことが強く自覚されるのであり、それが「愛」の原点をなす。

一方で人間は絶えず欲望とその自覚という人間の持つ宿命（原罪）を背負いつつ生きるのである。ここに意思の自由もまた現れるのである。そして理性の判断規範も現れるのである。

人間におけるシステム不完全性の原理に密接に関連しているのが教育である。トーマス・マンを引きながら、愛と教育について語られる。教育の原点には愛がなければならないこと、教育への使命感はまた自らの不完全性・不調和に触発されることに基づくのだということである。「愛」と「自由」、そして「家庭」ということの意味が「教育」思想の中に言い留められている〉

1.

現代社会は、さまざまな組織体から成り立っています。大学も一つの組織体です。企業や非営利組織も組織体です。国や地方自治体も組織体です。もちろん、国連のような国際組織も含まれます。私は、これらの組織体の最も原点のところに「家庭」があると考えています。「家庭」について私の考えるその特徴を挙げてみましょう。

家庭とは、まず第一に、愛によって結ばれ、愛を強く伸ばしていくことを目指しているところです。第二に、家庭とはそこで幸せになるところです。第三に、家庭とはよそ行きの服装を解くところです。これはある意味で社会的自己を解体するところと言ってもよいでしょう。自我あるいは自己は、社会ではしっかり維持されていなければなりませんが、それは疲れる技です。ですから、ときどきそういうよそ行きの服装を取って、気楽に自己のありのままの姿に戻る必要がります。そしてこれが大切なところですが、よそ行きの服装を取ること、社会的自己をいったん解体することによって、次の新しい自己を準備するのです。ですから、家庭とは、第四に、自己を蘇らせ、自己を再生するところなのです。この第三と第四を合わせて、家庭とは自己の創造的個体形成の場であると言ってもよいでしょう。さて、第五には、家庭は自己の子孫への継続を果たすところです。これは言い換えて、家庭とは、自己の世代的創造と存続の場である、と言うこともできましょう。

2.

ところが、こういう理想的な家庭は現実には困難です。特に、第一要件の「愛」によって結ばれ、愛を紡ぎだしていくことが極めて難しいことだからです。それが達成できていれば第二の要件である幸福になれる場所だということは明らかなようにも見えます。しかし、幸福とは何かと問いかけてみると、それは人によって異なっていますし、一定の統一した答えが得られるようには見えません。私がここで幸福というのは、究極の真・善・美の姿を求め得る自覚を意味します。つまり、真の自己実現への途上にあるということです。それは罪の赦しが与えられ、失敗にたいする思いやりがあるということと重なってきます。人間は絶えず間違いを犯したり、失敗をしたり、悪と切り離せないような行為をしたり、あるいはそれらのことをする可能性を自らの内に抱いています。これはまた原罪ということとも関連してくるのですが、私はそれを「システム不完全性の原理」と呼んでいます。

これは、現実に存在するあらゆるシステムには完全ということはありえないということを述べています。人間もまたひとつのシステム（有機体システム）だと考えられます。そして人間が作るいろいろなもの、しくみ、組織や制度はそれぞれがシステムです。宇宙のたとえば太陽系、そして地球上の生態系、山川草木それぞれがシステムです。それらのあらゆるシステムは不完全なのだという意味です。これはそういう現実をそのまま受け入れようということでもありますが、不完全だからよいのだという認識につながっていきます。不完全だから前に進めるのです。絶えず前に進むしかシステムとしての存続はできないのです。またこの原理は、システムはそれひとつだけが単独で、独立して存在することはできない、という意味を含んでいます。人間においてはそのことが強く自覚されます。それが愛の原点です。共同すなわち「皆で一緒に」ということが人間の生活の本質のところにあるのです。「家庭」においてそれが明確に現れるのです。

それにもかかわらず、人間は絶えず自立と責任応答を促されています。それは欲望とその自覚という人間の持つ宿命（原罪）とつながっています。ここに人間の自由が明確な形で現れます。自立というこの人間の個にたいして求められているものは、欲望と衝動の自覚への応答であり、充足されたかに見えてもたちまちに消費されて尽きることのない欲望と、そこに現れる理性の判断規範なのです。

このような人間の本性に伴うことが余すところなく露呈されるのが家庭という場の特徴です。家庭の第三要件で述べた、家庭は自己を解体するところである、ということがそれを意味しています。このように語ってくれば、もう明らかになってきたでしょう、家庭には倫理・道徳の基本があるのだということが。そしてそれがまた、社会の倫理・道徳の基盤にもなっているということが…。

3.

いろいろな組織体が社会を構成している、と述べました。いろいろな組織体の根源には「愛」と「自由」があるはずです。それを欠いた組織は長続きできないはずです。そして組織の存続と発展には教育が必要です。教育の原点には愛がなければなりません。

教育は「愛の主要な表現である」とトーマス・マンは述べています（「作家としてのゲーテの生涯」『ゲーテを語る』山崎章甫訳、岩波文庫、84 頁）。これはゲーテの『ファウスト』や『ヴィルヘルム・マイスター』を念頭において言っているのですが、これに続いてトーマス・マンはこういう意味のことを言っています。教育へと向かう衝動や使命感は、自分自身が不調和の状態にあるからなのだ、と。ここでトーマス・マンは「告白」ということを教育に結びつけているのですが、そのことの重要な含意についてはいつか述べる機会があるかもしれません。ともかく調和ではなく、「自分自身の窮状を告白するような」（Ibid.）そういうところから教育への情熱が出てくるのだということは、素晴らしい言い方ではありませんか。人間の持つべき宿命と、そこに現れる「愛」と「自由」、そして私が述べてきた「家庭」ということの意味が「教育」という思想の中に言い留められていると思います。

（『アンデレクロス』No.108, 2003.2.）

****

第７章 「生きられる学問」のために ――「世界の市民」に向けて（7）

〈要約：この章では人間形成と学問について語られる。哲学することは自らの生きる道を考えることである。人間の幸せについて考えることである。よく生きることについて考えることである。

学問は「生きられる学問」でなければならず、学ぶことは「生きること」でなければならない。哲学も本来「生きられる学問」であり、実は最もそれに当たる学問であった。哲学はまさに観念の冒険によって紡ぎだされ、文明と結び合って歴史となる。あるいは、最も若い学問である経営学の歴史（経営学史）は企業活動によって彩られる二十世紀文明の進展とともにあり、それはまさに現代文明を描き出す。歴史を学ぶことは「いま」という時代すなわちわれわれが生きている時代を理解することであり、未来を見る眼差しを獲得することである。

理系の学問、数学や物理学についても同じ「生きられる学問」ということが言える。数学者の岡潔（1960 年文化勲章）は、数学は何の役に立つのかという問いに対して、数学は

闇を照らす光だ、それは白昼には要らないが、世相が闇になったときほど必要なのだ、と答えたと言われている（帯金充利『天上の歌 ― 岡潔の生涯』新泉社、2003年）。全文略〉

（『アンデレクロス』No.110, 2003.7.）

****

第８章　世界の平和そして愛――「世界の市民」に向けて（8）

〈要約：この章は、世界の平和と愛が人々の理想として共有されることと「世界の市民」について語られている。

日本には固有の文化があり、歴史と営みがある。それは日本という国の個性である。家庭における理想の愛と、地球社会における理想の平和は、一方は個人的で私的な色彩が強く、他方は人類共通の普遍性をもつものであるが、そこには両者を貫く普遍の理想があることもまた直観できるのである。愛と平和とはそういう意味で一つなのである。

福永武彦の小説『草の花』の１節が引用される。日本が戦争に駆り立てられていた時代の一青年の手紙である。そこには戦争にたいする恐怖と、国家の意思に従わせられることと「世界市民」としての自覚の間の矛盾と葛藤が語られている。戦争ほど「世界市民」と矛盾するものはない。

「僕の教養がギリシャ語のKosmopolites（コスモポリテース）の観念の下に培われたのは当然のことだったろう。しかし僕が世界市民として感じさせられることと、一々矛盾したのだ。戦争が始まり、いつ兵隊に取られるかも分からない危険が重苦しい空気のように立ち罩こめて来るにつれて、僕の精神はやみがたく次の一点に集注した、―― 如何にして武器を執ることに自分を納得させるか。そして自我は、絶えず意識の上に次のような問答を繰り返した、―― 殺せるか、死ぬか。」（新潮文庫、二〇三頁）全文略〉

（『アンデレクロス』No.112, 2003.12.）

****

《アンデレクロスの８章》で引用された文献

〈第１章〉

マックス・ウェーバー『職業としての学問』尾高邦雄訳、岩波文庫。

ゲーテ『若きウェルテルの悩み』竹山道雄訳、岩波文庫。高橋義孝訳、新潮文庫、など。

〈第３章〉

Whitehead, A. N., *Essays in Science and Philosophy*, Part 3. Education, 1947., New

York, Greenwood Press,1968.

蜂谷昭雄他訳『科学・哲学論集（上)』(ホワイトヘッド著作集第 14 巻)、松籟社、1987 年。

Whitehead, A. N., *Science and the Modern World*, 1925., The Free Press, New York, 1967.

上田泰治、村上至孝訳『科学と近代世界』(ホワイトヘッド著作集第 6 巻)、松籟社、1981 年。

〈第 5 章〉

ロマン・ロラン『魅せられたる魂』宮本正清訳、岩波文庫全 5 冊。

〈第 6 章〉

トーマス・マン『ゲーテを語る』山崎章甫訳、岩波文庫。

〈第 7 章〉

帯金充利『天上の歌 ― 岡潔の生涯』新泉社、2003 年。

〈第 8 章〉

福永武彦『草の花』新潮文庫。

****

付　　録

あとがき

想えば、ほぼ一〇年の歳月が流れたように思う。今、本書刊行の契機となったことを思い浮かべている。はっきりとした時の感覚はなくなっているが、ほぼ一〇年前後であり、おそらく本学のキリスト教学会あるいはキリスト教センターが企画した講演会の帰りの食事会で、「『建学の精神』の解釈と共有化」が話題となり、それぞれがその解釈を自由に行い、対話を引き起こす環境を作り出すことが肝要であろう、ということになり、それを進めていこう、となったのである。それは、おそらく二〇〇五年であったと思う。そして、筆者が最初の「建学の精神」に関する論文を発表したのであるが、実は後が続かない。みんな大変忙しかったのである。当初は、あまり焦っても意味がないと思い、鷹揚に構えていたのであるが、時間が経過するにしたがって、われわれ一人一人が少し焦ってきた。そこで、もう一度、想いを確認し、それを形にすべきではないかと内省し、二〇一〇年の秋、ついに想いを一つにすることができたのである。すなわち、我々は、「『建学の精神』の哲学的・神学的再考――『生きること』の意味とサービス概念に関連づけて――」をテーマとして、本学総合研究所の共同研究プロジェクトに応募し、二〇一一年四月から二〇一四年三月までの研究が認められたのである。

このプロジェクトの目的は、本学の「建学の精神」である「キリスト教精神」（自由と愛の精神）とそれに基づく教育理念である「世界の市民の養成」を「生きることの意味」の考察を媒介に解釈し、その具現化への応答可能性を拓いていくことであった。「生きることの意味」の探究は、「他者とともに在る」ことやお互いに「他者のために在る」ことの吟味を不可欠とするであろうし、またそれを通して「サービス概念」の根本的意味に近づくことができるように思われた。このような試みがなぜ必要なのか、またどのような効果を狙っているのか。我々は、以下のように考えたのである。今日、大学はこれまでにはない質的な変革を迫られている。それは、地域社会への貢献も含む教育と研究における「多様性」の要請とそれに対する「個性化」による応答に集約される。我々にとって、それは、「多様化した社会のニーズ」と「建学の精神」・「教育理念」を連結する冒険を試み、その文脈のもとに責任ある高等教育機関として「世界に立つ」（第二章参照）ことが焦眉の急となるという点を意味しよう。そこでは、「建学の精神」や「教育理念」が真に組織的な「叡智」となり、そこから「生きること」へと向けられた教育や研究が立ち上がってくることが期待される。本プロジェクトの実践は、そのような情勢への、小さくとも、確かな第一歩とならなければと、我々は思い立った次第である。

その最初のメンバーは、四人、伊藤高章社会学部教授（現上智大学教授、実践宗教学）、今は亡き岩津洋二文学部教授（哲学）、滝澤武人社会学部教授（現名誉教授、聖書学）、谷口照三（経営学部、経営学）であった。このプロジェクトの研究期間の最後の年、当初からその成果を刊行する予定であったが、その為にはより多くの人々に参加してもらう必要性に気づき、後二年間の延期を申請し、それが認められた。新たにメンバーとして、二〇一四年から石川明人社会学部准教授（キリスト教学）、伊藤潔志経営学部准教授（教育哲学）、松岡敬興経済学部准教授（現山口大学准教授、実践教育学）、そして二〇一五年から齋藤かおる社会学部准教授（キリスト教史）が加わった。さらに、全在紋経営学部教授（現名誉教授、会計学）、津田直則経済学部教授（現名誉教授、経済学）は、正式なメンバーではないが、プロジェクトの趣旨に賛同され、当初よりプロジェクトの研究会に度々参加頂いた。お二人の参加が、どれほど我々を勇気づけたか、計り知れないものがある。この場をお借りし、心より深く御礼申し上げたい。

以上のように輪が広がり、今回の『自由と愛の精神――桃山学院大学のチャレンジ――』刊行に辿り着くことができた。プロジェクトメンバーで伊藤高章上智大学教授（校務多忙のため寄稿を断念）を除き全員、またメンバーではないが元学長村田晴夫名誉教授、松平功前チャプレン（現在、日本聖公会守口復活教会司祭）、津田直則名誉教授から寄稿頂いた。皆様に心より深く感謝申し上げたい。

本書は、桃山学院大学総合研究所共同研究プロジェクト「『建学の精神』の哲学的・神学的再考――『生きること』の意味とサービス概念に関連づけて――」の成果であるには違いないが、その一部であるにすぎない。その成果は、まだまだ語り合いながら、そのプロセスの中から、自然と出てくるであろう。本書は、その第一歩を踏み出すものと、位置づけることができる。本書は、二部構成になっている。第Ⅰ部は、「『自由と愛の精神』と『世界の市民』――『建学の精神』の具現化に向けて――」と題し、「建学の精神」と教育理念の「世界の市民」の解釈と実践、そしてそれらの桃山学院大学における歩みを今日の大学教育改革の批判的検討を媒介に取り上げ、「建学の精神」の具現化に向けて、展望を試みてきた。第Ⅱ部は、「自由と愛」あるいは「愛」について、なるべく広く、種々の視野から議論を深め、それらを「自由と愛の精神」の広がりと深みを求めるプロセスにつなげることができればとの期待から、「愛の諸相――『自由と愛の精神』の広がりと深みを求めて――」と題した。

「建学の精神」や「教育理念」が真に組織的な「叡智」となり、そこから「生きること」へと向けられた教育や研究が立ち上がってくることが期待される。これは既述したことである。このような情勢が近いうちに、と期待し、我々は本書の刊行に取り組んできた。この間、心が折れそうなことが、時々我々を襲ってきた。楽観視できないのが、現実である。それを乗り越え、前に進むには何が必要か。このプロジェクトを始めるきっかけとなった前述した拙稿の最後の部分で以下のように書いている。「そのためには、学生のみでなく教職員も含めた全ての構成員各自が『リスポンシビリティ・スパイラルを生きること』を習慣化し得るような環境整備が、大学全体として如何に可能か、まず何よりも、この点が課題として問われなければならない」。「リスポンシビリティ・スパイラル」とは、簡素に言えば、人々の「想い」に気づき、それを「かたち」にし、それらのプロセスを、また自らが前提としている「立場」も含め、自ら批判的に吟味し、自己を超え出ていくことである。一人一人が自己の応答可能性を拓くことを可能とするような、このようなキャンパス・コミュニティを創造することに、我々は責任がある。本書がその一助となればばと、祈るばかりである。

なお、本書は、桃山学院大学から「二〇一六年度学術出版助成図書」として承認されて、刊行された。最後に、大学と関係諸氏に心より深く感謝を申し上げる次第である。

編著者を代表して　谷口　照三

編著者

谷口　照三（たにぐち・てるぞう）　第四章、あとがき
桃山学院大学経営学部教授。一九五〇年、広島県生まれ。一九七九年南山大学大学院経営学研究科博士前期課程修了、一九八二年亜細亜大学大学院経営学研究科博士後期課程単位取得満期退学、一九八二年助教授を経て、一九九一年より現職。専攻は経営学・経営倫理学、経営学修士。
著書に『戦後日本の企業社会と経営思想――ＣＳＲ経営を語るひとつの文脈――』（単著、文眞堂、二〇〇七年）、他。

石川　明人（いしかわ・あきと）　第六章
桃山学院大学社会学部准教授。一九七四年、東京都生まれ。二〇〇三年北海道大学大学院文学研究科博士後期課程単位取得満期退学、二〇一四年より現職。専攻は宗教学・戦争論、博士（文学）。
著書に『キリスト教と戦争』（単著、中公新書、二〇一六年）、他。

伊藤　潔志（いとう・きよし）　第七章
桃山学院大学経営学部准教授。一九七二年、秋田県生まれ。二〇〇四年東北大学大学院教育学研究科博士課程後期単位取得満期退学、二〇一三年広島大学大学院文学研究科博士課程後期修了、二〇一四年より現職。専攻は倫理学・教育学、博士（文学）。
著書に『キルケゴールの教育倫理学』（単著、大学教育出版、二〇一五年）、他。

執筆者

磯　晴久（いそ・はるひさ）　巻頭言
日本聖公会大阪教区主教、学校法人桃山学院院長。一九五五年、大阪府生まれ。一九七七年関西学院大学経済学部卒業、一九八一年聖公会神学院卒業、二〇一六年より現職。

論文に「バリ島の『マハ・ボーガ・マルガ』について——人間開発の視点から——」（『桃山学院大学キリスト教論集』第四五号、二〇〇九年三月）、他。

滝澤　武人（たきざわ・ぶじん）　第一章

桃山学院大学名誉教授。一九四三年、東京都生まれ。一九七二年、北海道大学文学研究科博士課程単位取得満期退学。専攻はキリスト教学、文学修士。

著書に『イエスの現場——苦しみの共有』（単著、世界思想社、二〇〇六年）、他。

村田　晴夫（むらた・はるお）　第二章

桃山学院大学名誉教授・元学長。一九三五年、富山県生まれ。一九六一年、京都大学理学部数学科卒業。専攻は経営哲学、京都大学経済学博士。

著書に『管理の哲学』（単著、文眞堂、一九八四年）、他。

津田　直則（つだ・なおのり）　第三章

桃山学院大学名誉教授。一九四四年、大阪府生まれ。一九六八年、神戸大学大学院経済学研究科修士課程終了。専攻は経済学、博士（経済学）。

著書に『社会変革の協同組合と連帯システム』（単著、晃洋書房、二〇一二年）、他。

松平　功（まつだいら・いさお）　第五章

日本聖公会司祭、桃山学院大学前チャプレン。一九六二年、兵庫県生まれ。一九九一年ＡＧＴＳ神学大学院修了、一九九五年プリンストン神学大学院修了。専攻は宗教社会学・キリスト教倫理学、聖書文学修士・神学修士。

著書に『キリスト教学入門（宗教社会学から見るキリスト教―古代ユダヤ教の発生からキリスト教の成立まで―）』（単著、和泉出版、二〇一三年）、他。

齋藤かおる（さいとう・かおる）　第八章

桃山学院大学社会学部准教授。一九六二年、兵庫県生まれ。二〇〇〇年神戸大学大学院文化学研究科博士課程単位取得満期退学、二〇一五年より現職。専攻は哲学、文学修士。

著書に『よくわかるキリスト教』（監修、ＰＨＰ研究所、二〇〇四年）、他。

松岡　敬興（まつおか・よしき）　第九章

山口大学大学院教育学研究科准教授。一九六三年、香川県生まれ。二〇〇九年大阪府立大学大学院博士後期課程人間文化学研究科単位取得退学、二〇一五年より現職。専攻は教育学（道徳教育・特別活動）、博士（学術）。

著書に『道徳教育論』（共著、一藝社、二〇一四年）、他。

自由と愛の精神

―― 桃山学院大学のチャレンジ ――

2016年11月20日　初版第1刷発行

■編 著 者――谷口照三／石川明人／伊藤潔志
■発 行 者――佐藤　守
■発 行 所――株式会社 大学教育出版
〒700-0953　岡山市南区西市855-4
電話（086）244-1268　FAX（086）246-0294
■印刷製本――モリモト印刷㈱

ISBN978－4－86429－411－9